Der junge Musikant

Neue Liedersammlung für Schulen

herausgegeben von
Karl Haus und Franz Möckl

Bayerischer Schulbuch-Verlag · München

Bildnachweis

S. 33: Staatsbibliothek Preußischer Kulturbesitz, Berlin –
S. 81: Aus Valentin Babst, Geystliche Lieder. Mit einer newen vorrhede
D. Mart. Luth. (sog. „Babstsches Gesangbuch"), Leipzig 1545.
Faksimileausgabe. Hrsg. von Konrad Ameln.
Bärenreiter-Verlag, Kassel [2]1966 –
S. 115: Staatsbibliothek Preußischer Kulturbesitz, Berlin, Musikabteilung –
S. 195: Valentin Becker, Würzburg –
S. 294: Germanisches Nationalmuseum, Nürnberg

1991
2. Auflage, 1. unveränderter Nachdruck 1991
Alle Drucke dieser Auflage sind untereinander unverändert.

Umschlag: Norbert Dinkel unter Verwendung eines Fotos von
Joachim Heer (Schule und wir)
Druck: Wagner, Nördlingen
ISBN 3-7627-8241-5

Inhalt

Abkürzungen:

T Text
M Melodie/Musik
S Satz

K Kanon
SP Sprechstück

Lieder über Musik und Musikanten

Sine musica nulla vita

Kanon

T und M: Karl Marx
Aus: H. P. Gericke u. a., Bruder Singer. Bärenreiter-Verlag, Kassel und Basel
Übersetzung: Ohne Musik (gibt es) kein Leben, kein Leben (gibt es) ohne Musik.

Frisch auf! Singet all, ihr Musici!

T, M und S: nach Christoph Demantius
Fassung: Karl Haus

O Musica

Kanon

M: Gottfried Wolters unter Benutzung eines Motivs von Paul Peuerl
Aus: F. Jöde, Der Kanon. Möseler Verlag, Wolfenbüttel und Zürich

Das vor allen Dingen

Kanon

T und M: Franz Möckl

Der hat vergeben

2. Sie kann regieren, die Herzen rühren, wo gar das frische Blut in Adern wallen tut vor lauter Freud. Schweren Gedanken setzt sie die Schranken, das Gmüt gleich heiter wird, daß sich gar bald verliert all Bitterkeit. Kein Unglück ist so groß, gibt solchen Herzensstoß, kein Unstern dringet ein, und wanns auch sollte sein das größte Leid. Sie kann... (gekürzt)

T und M: Johann Valentin Rathgeber

„Ohren-vergnügendes und Gemüth-ergötzendes Tafel-Confect" heißt eine Sammlung von volkstümlichen, oft quodlibetartigen oder gesellig-heiteren Liedern, deren drei erste Folgen („Trachten") 1733–1737 anonym herausgegeben wurden. Autor war Johann Valentin Rathgeber, der 1704–1707 als Schulmeister in Würzburg tätig war und danach in das Benediktinerkloster Banz kam, wo er 1711 Pater wurde. 1729–1738 wirkte er an mehreren süddeutschen Höfen als Kapellmeister und Komponist. Seine letzten Lebensjahre verbrachte er wieder im Kloster Banz.

Vgl. auch „Von Erschaffung Adam und Eva", S. 292

Wo man singt

Kanon

T: volkstümlich (nach Johann Gottfried Seume) bzw. M. Schlenker
M: Manfred Schlenker

Viele Künste kann der Teufel

Kanon

T und M: Leopold Katt
Aus: H. P. Gericke u. a., Bruder Singer. Bärenreiter-Verlag, Kassel und Basel

Auf der Geige spielt der Janos

T und M: aus Ungarn
Deutscher Text: Franz Möckl
Melodiefassung: Karl Haus/Franz Möckl
Aus: K. Haus/F. Möckl, Lieder der Welt. Verlag B. Schott's Söhne, Mainz

[1]) sprich: Janosch

Unser kleines Orchester

Anmerkung: Die Geige beginnt, ein Instrument nach dem anderen gesellt sich dazu, bis zuletzt das ganze „Orchester“ musiziert. Auch im Kanon zu singen.

T und M: Willy Geisler
Voggenreiter Verlag, Bonn-Bad Godesberg

Viva la musica

Kanon

T und M: Michael Praetorius

Su saltiamo

Kanon

Ostinato

T und M: Antonio Caldara
Deutscher Text und Ostinato: Karl Haus/Franz Möckl

Morgen- und Abendlieder

Jeden Morgen geht die Sonne auf

2. Jeden Morgen aus dem Wiesengrund heben weiße Schleier sich ins Licht,
   uns der Sonne Morgengang zu künden, ehe sie das Wolkentor durchbricht.
3. Jeden Morgen durch des Waldes Hall'n hebt der Hirsch sein mächtiges Geweih,
   der Pirol und dann die Vöglein alle stimmen an die große Melodei.
4. = 1.

T: Hermann Claudius
M: Karl Marx
Bärenreiter-Verlag, Kassel und Basel

Erwacht, ihr Schläfer drinnen

Kanon

Ostinato

Stabspiel

T: volkstümlich
M: Jacopo Gotifredo Ferrari
Ostinato: Karl Haus/Franz Möckl

Wach auf, meins Herzens Schöne

T: aus dem 16. Jahrhundert
M: Johann Friedrich Reichardt
S: Cesar Bresgen
Aus: C. Bresgen, Sonne, Sonne scheine. Verlag B. Schott's Söhne, Mainz

Im Wald ist schon der helle Tag

2. Die Amseln melden sich zur Stell', hoetjoiri, die jungen Fichten werden hell, hoetjoiri. Der Kuckuck schreit im Holze draußen, unser fröhlicher Gesell, im Morgenwind die Wipfel sausen, hoetjoiri.
3. Jetzt kommt herein die beste Stund, hoetjoiri, die Tannen blitzen auf im Grund, hoetjoiri. Die Wasser von den Gipfeln springen, und der Morgen tut sich kund; der ganze Berg fängt an zu singen, hoetjoiri.

T und M: Hans Baumann
Aus: H. Baumann, Die helle Flöte. Möseler Verlag, Wolfenbüttel und Zürich/Voggenreiter Verlag, Bonn-Bad Godesberg
Nebenstimmen von Gottfried Wolters
Aus: G. Wolters, Das singende Jahr III/31. Möseler Verlag, Wolfenbüttel und Zürich

Aus den hellen Birken

2. Droben aus dem Walde tönt schon der Vögel Schalle, grüßt den Tag viel tausendmal und euch, ihr Menschen, alle.

T und M: Cesar Bresgen
Aus: C. Bresgen, Über die Berge weit. Voggenreiter Verlag, Bonn-Bad Godesberg

Are you sleeping

Bruder Jakob · Frère Jacques · San Martino

Kanon

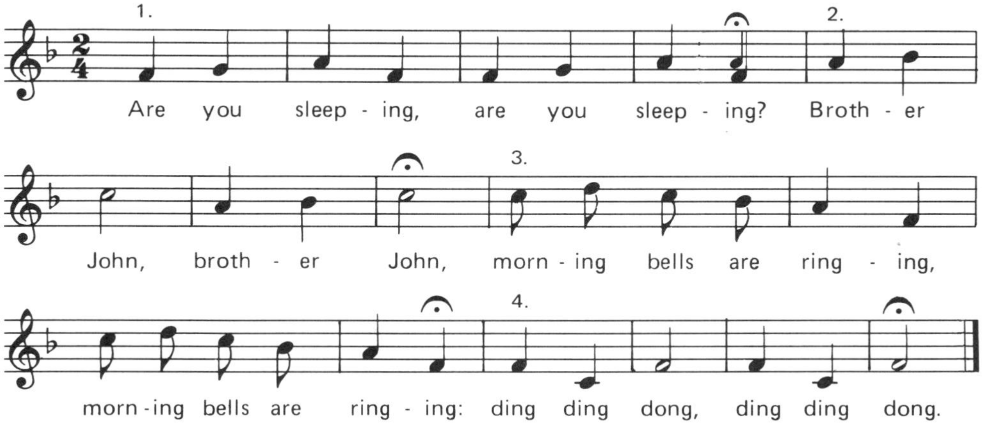

Bruder Jakob, schläfst du noch?
Hörst du nicht die Glocken?
Ding ding dong.

Frère Jacques, dormez-vous?
Sonnez les matines!
Ding ding dong.

San Martino, dormi tu?
Senti le campane:
Ding ding dong.

Ostinato

T: mündlich überliefert
M: aus Frankreich
Ostinato: Karl Haus/Franz Möckl

Morgenwunsch

Kanon

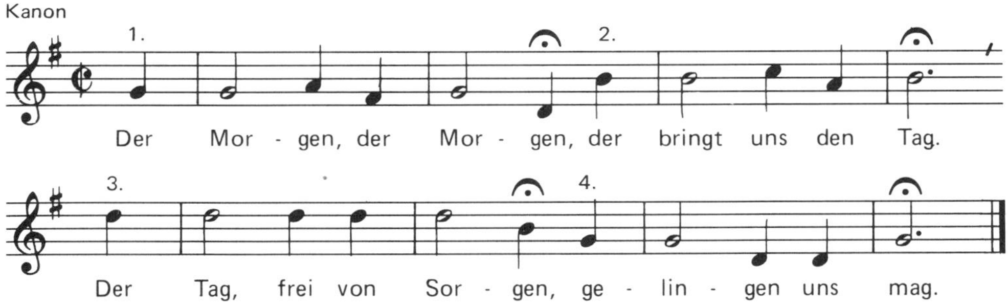

T und M: aus Dänemark
Deutscher Text: Franz Möckl

Wer nur den lieben langen Tag

2. Bist du ein fleißiger Gesell voller Lust, voller Leben, dann schwinge dich so schnell, wie du kannst, auf dein Pferd! Findst du kein Roß für deinen Plan, keinen Wagen, keine Bahn, dann lauf, was die Sohle hält, zu uns in die Welt, denn wir brauchen dich, fürwahr, in der fröhlichen Schar.

T und M: Jens Rohwer
Aus: J. Rohwer, Das Wunschlied. Möseler Verlag, Wolfenbüttel und Zürich/Voggenreiter Verlag, Bonn-Bad Godesberg

Der Mond ist aufgegangen

2. Wie ist die Welt so stille und in der Dämmrung Hülle so traulich und so hold, als eine stille Kammer, wo ihr des Tages Jammer verschlafen und vergessen sollt.
3. Seht ihr den Mond dort stehen? Er ist nur halb zu sehen und ist doch rund und schön. So sind wohl manche Sachen, die wir getrost belachen, weil unsre Augen sie nicht seh'n.
4. So legt euch denn, ihr Brüder, in Gottes Namen nieder, kalt ist der Abendhauch. Verschon' uns, Gott, mit Strafen und laß uns ruhig schlafen und unsern kranken Nachbar auch.

T: Matthias Claudius
M: Johann Abraham Peter Schulz
Aus: J. A. P. Schulz, Lieder im Volkston, Teil 3. Berlin 1790

Nach „vollkommenster Einfachheit" strebte der Komponist in seinen „Liedern im Volkston", mit denen er außerdem den „Schein des Bekannten" erwecken wollte. Das ist ihm bei dieser Melodie voll gelungen: Über alle Wandlungen von Geschmack und Auffassung hinweg hat sich das Lied besonders auch wegen seines schlichten Textes seine Beliebtheit bis in unsere Zeit bewahrt.

Early to bed

Kanon

T und M: aus England

Deep the silence

Steigt der Mond

2. Star of faith the dark adorning — all through the night.
Leads us fearless t'wards the morning — all through the night.
Though our hearts be wrapt in sorrow, from the hope of dawn we borrow
promise of a glad tomorrow — all through the night.

2. Und die Sterne in der Runde in dunkler Nacht
leuchten uns zu später Stunde in dunkler Nacht.
Alle Zukunft ist verborgen, doch das Herz mit seinen Sorgen
wartet wieder auf den Morgen nach dunkler Nacht.

T und M: aus Wales · Textübertragung: Helmut König
Aus: K. Schilling/H. König/H. Hoss, Der Turm. Voggenreiter Verlag, Bonn-Bad Godesberg
S: Karl Haus/Franz Möckl

Nun wollen wir singen das Abendlied

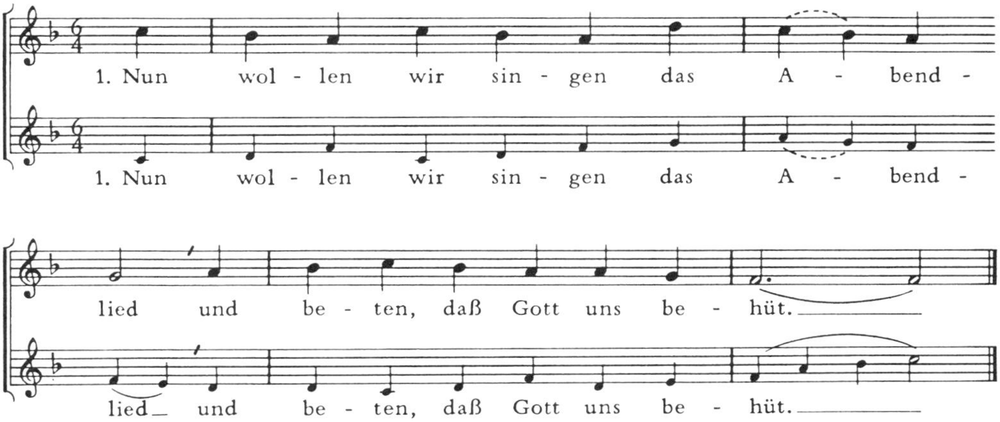

2. Es weinen viel Augen wohl jegliche Nacht, bis morgen die Sonne erwacht.
3. Es wandeln viel Sterne am Himmelsrund; wer sagt ihnen Fahrweg und Stund?
4. Daß Gott uns behüt, bis die Nacht vergeht, kommt, singet das Abendgebet!

T und M: aus dem Odenwald
S: Erna Woll

Der Tag ist hin

Kanon

Ostinato

T und M: mündlich überliefert
Ostinato: Karl Haus

Kein schöner Land

2. Da haben wir so manche Stund gesessen da in froher Rund
und taten singen, die Lieder klingen im Eichengrund.
3. Daß wir uns hier in diesem Tal noch treffen so viel hundertmal:
Gott mag es schenken, Gott mag es lenken, er hat die Gnad.
4. Nun, Brüder, eine gute Nacht, der Herr im hohen Himmel wacht.
In seiner Güten uns zu behüten, ist er bedacht.

T und M: Anton Wilhelm Florentin von Zuccalmaglio nach einem Volkslied
S: Karl Haus/Franz Möckl

Ich stehe im Waldesschatten

2. Von ferne nun schlagen die Glocken über die Wälder herein, ein Reh hebt den Kopf erschrocken und schlummert gleich wieder ein.
3. Der Wald aber rühret die Wipfel im Traum von der Felsenwand. Denn der Herr geht über die Gipfel und segnet das stille Land.

T: Joseph von Eichendorff
M und S: Franz Biebl
Aus: F. Biebl, Von Abend zu Abend. Voggenreiter Verlag, Bonn-Bad Godesberg

Alles schweiget

Kanon

T und M: angeblich Wolfgang Amadeus Mozart, manchmal auch Joseph Haydn zugeschrieben

Dämmerung bricht jetzt herein

T: Josef Heer
M: aus Ungarn
Aus: J. Heer/E. Rabsch, Musik im Leben, Bd. 1.
Verlag Moritz Diesterweg, Frankfurt am Main–Berlin–München
S: Franz Möckl

O du stille Zeit

2. In der Einsamkeit rauscht es nun so sacht
I: über die Berge weit, über die Berge weit, gute Nacht. :I

T: Joseph von Eichendorff
M: Cesar Bresgen
Aus: C. Bresgen, Über die Berge weit. Voggenreiter Verlag, Bonn-Bad Godesberg

Abendstille überall

Kanon

T: Fritz Jöde
M: Otto Laub
Aus: F. Jöde, Der Musikant. Möseler Verlag, Wolfenbüttel und Zürich

Herr, bleibe bei uns

Kanon

T: Lukas 24,29
M: Albert Thate
Aus: H. P. Gericke u. a., Bruder Singer. Bärenreiter-Verlag, Kassel und Basel

Der Winter ist vergangen

2. Ich geh, den Mai zu hauen, hin durch das grüne Gras, schenk meinem Buhl'n die Treue, die mir die Liebste was, und bitt, daß sie mög kommen, all vor dem Fenster stan, empfang'n den Mai mit Blumen, er ist gar wohlgetan.

3. Ade, mein Allerliebste, ade, schöns Blümlein fein! Ade, schön Rosenblume, es muß geschieden sein! Bis daß ich wiederkomme, bleibst du die Liebste mein; das Herz in meinem Leibe gehört ja allzeit dein.

T: nach einer niederländischen Handschrift von 1537
M: aus dem Lautenbuch von F. Thysius

Nun will der Lenz uns grüßen

2. Waldvöglein Lieder singen, wie ihr sie nur begehrt, drum auf zum frohen Springen, die Reis' ist Goldes wert! Hei, unter grünen Linden, da leuchten weiße Kleid'! Heja, nun hat uns Kinden*) ein End' all Wintersleid.

*) altertümliche Form für »Kindern«

T: nach Neidhart von Reuenthal, bearbeitet von Adolf Klage
M: alte Reigenmelodie aus dem Lautenbuch von F. Thysius
S: Walter Rein
Aus: F. Jöde, Der Musikant. Möseler Verlag, Wolfenbüttel und Zürich

So treiben wir den Winter aus

2. Wir stürzen ihn von Berg zu Tal, damit er sich zu Tode fall; wir jagen ihn über die Heiden, daß er den Tod muß leiden.
3. Nun hab'n wir den Winter ausgetrieb'n; so bringen wir den Sommer wieder, den Sommer und den Maien, die Blümlein mancherleien.

T und M: aus dem 16. Jahrhundert

Höret drüben überm Hang

Kanon

Ostinato

T und M: aus Frankreich
Deutscher Text: Hans Kulla
Aus: Die Fidel 22. Fidula-Verlag, Boppard/Rhein
Ostinato: Karl Haus

Der Winter ist zu Ende

L'inverno è passato

2. Die Sonne wärmt die Berge, der Schnee ist nun getaut,
im Walde sucht der Kuckuck ein Nest, das schon gebaut. Kuckuck…
3. Die Schöne steht am Fenster, sie wartet Nacht und Tag,
ob bei des Kuckucks Rufen ihr Schatz nicht kommen mag. Kuckuck…

2. Lassù per le montagne la neve non c'è più, comincia a fare il nido il povero cucù. Cucù…

3. La bella alla finestra la guarda in su e in giù, aspetta il fidanzato al canto del cucù. Cucù…

Begleitung

T und M: aus der italienischen Schweiz
Deutscher Text: Lieselotte Holzmeister
Aus: F. Kukuck, Kuckucke aus aller Welt. Fidula-Verlag, Boppard/Rhein
S und Begleitung: Karl Haus

Grüß Gott, du schöner Maien

2. Die kalten Wind' verstummen, der Himmel ist gar blau, die lieben Bienlein summen daher von grüner Au. O holde Lust im Maien, da alles neu erblüht, du kannst mir sehr erfreuen mein Herz und mein Gemüt.

Anmerkung: Im Kanon muß die 1. Gruppe an den mit * bezeichneten Stellen einen Takt länger aushalten.

T: aus dem 16. Jahrhundert
M: aus dem Lautenbuch von F. Thysius
Aus: Th. Otto, Perlen alter Tonkunst. Verlag Chr. F. Vieweg, Berlin; jetzt Verlag B. Schott's Söhne, Mainz

Der Schnee zerrinnt

Kanon

T: Ludwig Hölty
M: Franz Schubert

Mayenzeit one neidt

T und M: Deutscher Reien[1]) in der Art Neidharts von Reuenthal (13. Jahrhundert)
Aus: Lied & Song. Hrsg. vom Verband Bayerischer Schulmusikerzieher. Verlag Max Hieber, München

[1]) Schreittanz im Reigen

Hier eine andere Melodie, die sich seit der Singbewegung zu Beginn des 20. Jahrhunderts allgemein durchgesetzt hat. Die Textfassung stammt von Max Pohl, der inhaltlich nur an die 1. Strophe von „Mayenzeit one neidt“ anschloß und damit ein Lob auf den Frühling schuf.

Aus: J. Heer/E. Rabsch, Musik im Leben, Bd. 1.
Verlag Moritz Diesterweg, Frankfurt am Main – Berlin – München
S: Karl Haus

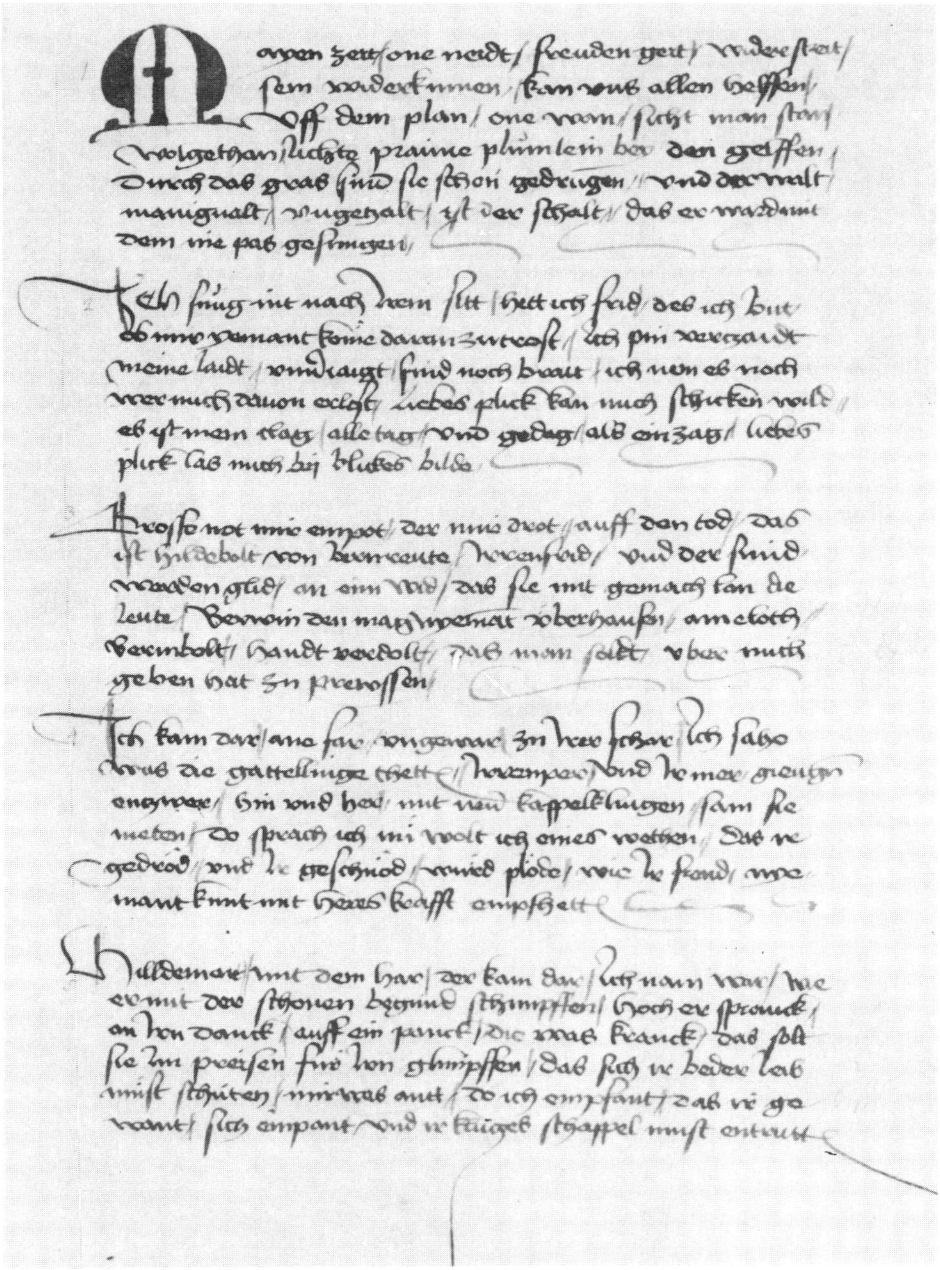

Handschriftliche Textüberlieferung von „Mayenzeit one neidt" (gekürzt). Nur in der 1. Strophe wird der Frühling besungen. In den weiteren Strophen wird in einer recht derben Sprache von der Werbung verschiedener Burschen um eine Dorfschöne berichtet.

Wenn der Frühling kommt

Kanon

Schluß der 2. Gruppe

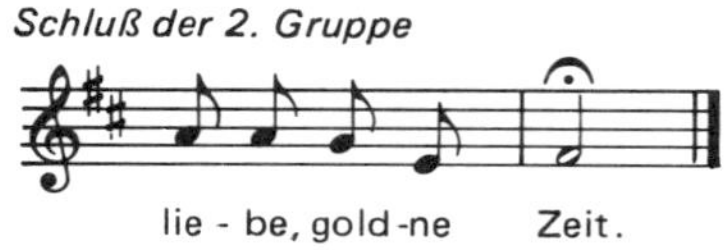

2. Wenn der Weichselbaum duft'ge Blüten schneit,
   wenn die Störche kommen und der Kuckuck schreit,
   wenn die Bächlein quellen und die Knospen schwellen,
   dann beginnt die liebe, goldne Zeit.

T und M: aus Westfalen

Es geht eine helle Flöte

2. Es geht eine helle Flöte ... Warten da drei rote Buchen, wollen auch den Tanz versuchen. Es geht eine helle Flöte ...

3. Es geht eine helle Flöte ... Und der Bach, der hört das Singen, wild und polternd muß er springen. Es geht eine helle Flöte ...

T und M: Hans Baumann
S: Georg Blumensaat
Aus: H. Wolf, Unser fröhlicher Gesell. Möseler Verlag, Wolfenbüttel und Zürich/Voggenreiter Verlag, Bonn-Bad Godesberg

Maienwind am Abend sacht

Auch im Kanon a cappella

T und M: aus Ungarn
Deutscher Text: Barbara Heuschober
Möseler Verlag, Wolfenbüttel und Zürich
S: Karl Haus/Franz Möckl

Viel Freuden mit sich bringet

2. Des Nachts, wenn ist vorüber all andrer Vöglein Gsang, so schwingt sie ihr Gefieder und fängt mit lautem Klang bald auf das neu recht an zu schrein, bis daß anbricht der Tag; ihr wunderschöne Melodein kein Mensch beschreiben mag.
3. Mit ihrem schönen Singen bewegt sie manchem sein Herz, daß er vor Freud möcht springen, das sag ich ohn allen Scherz, von allen den Waldvögelein, sie sein groß oder klein, ihr keines jemals gleich kann sein, der Ruhm bleibt ihr allein.

T: nach Christoph Demantius
M: nach August Nörmingers Tabulaturbuch, 1598

Schaut nur an den schönen Morgen

2. Schaut nur an den schönen Abend, da vergehn euch alle Klagen,
schaut nur an die schöne Abendröt, wie so schön,
wie so schön die Sonn' untergeht in der Abendröt.

3. Schaut nur an den schönen Sommer, da vergeht euch aller Kummer,
schaut nur an die schöne Sommerzeit, wie so schön,
wie so schön der Kuckuck schreit in der Sommerzeit.

T und M: aus dem Hohenlohischen
S: Franz Möckl

Kommt, ihr G'spielen

2. Hört, ihr G'sellen, die Hündlein bellen, was wollen wir beginnen?
Lasset uns kriegen, lasset uns siegen, Sommerlust gewinnen.

3. Auf, ihr Brüder, singt hoch und nieder, den Sommer zu gewinnen:
Ist es nicht Schande, weit in dem Lande, wenn wir uns besinnen!

T: aus Thüringen
M: bei Melchior Franck, nach älteren Quellen (vgl. das Jagdlied aus England „The hunt is up", S. 203)
Aus: M Franck, Actus oratorius, Coburg 1630
S: Franz Möckl

Das Werk „Actus oratorius" wurde für das Gymnasium Casimirianum geschrieben. Dort ist vermerkt: „Nach Art der Thüringer zu singen".

Mädel, mein Mädel, die Hähne krähn

T und M: aus der Slowakei
Deutscher Text: Hannes Kraft
Aus: G. Wolters, Das singende Jahr II/20. Möseler Verlag, Wolfenbüttel und Zürich

Lachend, lachend

Kanon

T und M: Cesar Bresgen
Aus: C. Bresgen, Das Jahresrad. Voggenreiter Verlag, Bonn-Bad Godesberg

Limu leimen

T und M: aus Schweden
S: Gottfried Wolters
Aus: G. Wolters/R. Krokisius, ars musica, Bd. II. Möseler Verlag, Wolfenbüttel und Zürich

1) im Original „Limu limu lima, Gud låt solen skina...",
also nur Klangsilben als Freudenruf, nicht übersetzbar,

Beim einstimmigen Singen kann der Satz ad lib. instrumental ausgeführt werden.

Hab mir gemacht eine Weidenpfeife

T und M: aus Finnland
Deutscher Text: Hermann Wagner
Aus: H. König/G. Watkinson, Der Regenpfeifer. Voggenreiter Verlag, Bonn-Bad Godesberg
S: Karl Haus

Die Lust hat mich bezwungen

2. Ihr lebt ohn' alle Sorgen und lobt die Güt' und Macht
   des Schöpfers von dem Morgen bis in die späte Nacht.
3. Ach, wollte Gott, wir lebten in Unschuld, gleich wie ihr,
   nicht ohn' Aufhören schwebten in sorglicher Begier.
4. O, daß wir Gott anhingen, der uns versorgen kann,
   und recht zu leben fingen nach euch, ihr Vögel, an!

T: Simon Dach
M: Heinrich Albert
S: Kurt Müller
Aus: K. Müller, Fangt an und singt. Möseler Verlag, Wolfenbüttel und Zürich

Ich geh durch einen grasgrünen Wald

2. O sing nur, singe, Frau Nachtigall, wer möchte die Sängerin stören? Wie wonniglich klingt's im Widerhall! Es lauschen die Blumen, die Vöglein all und wollen die Nachtigall hören.
3. Nun muß ich wandern, bergauf, bergab, die Nachtigall singt in der Ferne. Es wird mir so wohl, so leicht am Stab, und wie ich schreite hinauf, hinab, die Nachtigall singt in der Ferne.

T (1. Strophe) und M: aus Hessen
T (2. und 3. Strophe): Hermann Kletke
S: Waldram Hollfelder

Der Alpara

T und M: aus Österreich

In F beginnen, dann in G und A

* Alperer, Alberer = Senner

Im Walde, da wachsen die Beer'n

2. Im Walde, da wachsen die Schwämm, hallo . . .
Wenn's keine gibt, bleib'n mir derhämm, hallo . . .

3. Im Walde, da gibt's lust'ge Leut', hallo . . .
Und Beeren und Schwämm' such'n mir heut! hallo . . .

T und M: aus Thüringen
S: Karl Haus

Blätter fallen bunt von allen Bäumen

2. Nebel steigen auf vom Wiesenraine, Wind streicht drüber hin, glitzern überm nahen Birkenhaine, fliehen vor dem hellen Sonnenscheine in das Tal, und da geht uns ein Lied nicht aus dem Sinn.

3. = 1.

T und M: Helmut Kemnitz
Aus: Berliner Liederblätter, Nr. 37. Sirius-Verlag, Berlin; jetzt Heinrichshofen's Verlag, Wilhelmshaven

Autumn comes

Herbst ist kommen

T und M: aus England, 16. Jahrhundert
Deutscher Text: Karl Haus/Franz Möckl

Nun sind gemäht alle Wiesen und Felder

T und M: aus Dänemark
Deutscher Text und S: Karl Haus/Franz Möckl
Aus: Lieder der Welt. Verlag B. Schott's Söhne, Mainz

Bunt sind schon die Wälder

2. Wie die volle Traube aus dem Rosenlaube purpurfarbig strahlt!
Am Gelände reifen Pfirsiche, mit Streifen rot und weiß bemalt.

3. Flinke Träger springen, und die Mädchen singen, alles jubelt froh!
Bunte Bänder schweben zwischen hohen Reben auf dem Hut von Stroh.

4. Geige tönt und Flöte bei der Abendröte und im Mondesglanz;
junge Winzerinnen winken und beginnen frohen Ringeltanz.

T: Johann Gaudenz von Salis-Seewis
M: Johann Friedrich Reichardt
S: Franz Möckl

Hört ihr die Drescher

Kanon

T und M: volkstümlich

Empfehlenswert ist die Wiederholung auf jeweils höherer Stufe, so daß auch die Dreiklänge in D-, E-, F-, G-Dur gesungen werden können.

Hejo, spannt den Wagen an

Kanon

Ostinato

T und M: aus England
Ostinato: Karl Haus

Juchhe, der erste Schnee

2. Juchhe, juchhe, erstarrt sind Bach und See! Herbei von allen Seiten aufs glitzerblanke Eis, dahin, dahin zu gleiten nach alter froher Weis!
3. Juchhe, juchhe, jetzt locken Eis und Schnee! Der Winter kam gezogen mit Freuden mannigfalt, spannt seinen weißen Bogen weit über Feld und Wald.

T, M und S: Karl Marx
Aus: K. Marx, Im Jahreskreis. Verlag Merseburger, Berlin

Arge winter

Strenger Winter

Aussprache:
ij = ei
z = stimmhaftes s
g vor i = ch
ou = au

T und M: altniederländisch
Deutscher Text: Franz Möckl

Ach, bittrer Winter

T und M: um 1640
S: Rudolf Kirmeyer

So kam der Winter über Nacht

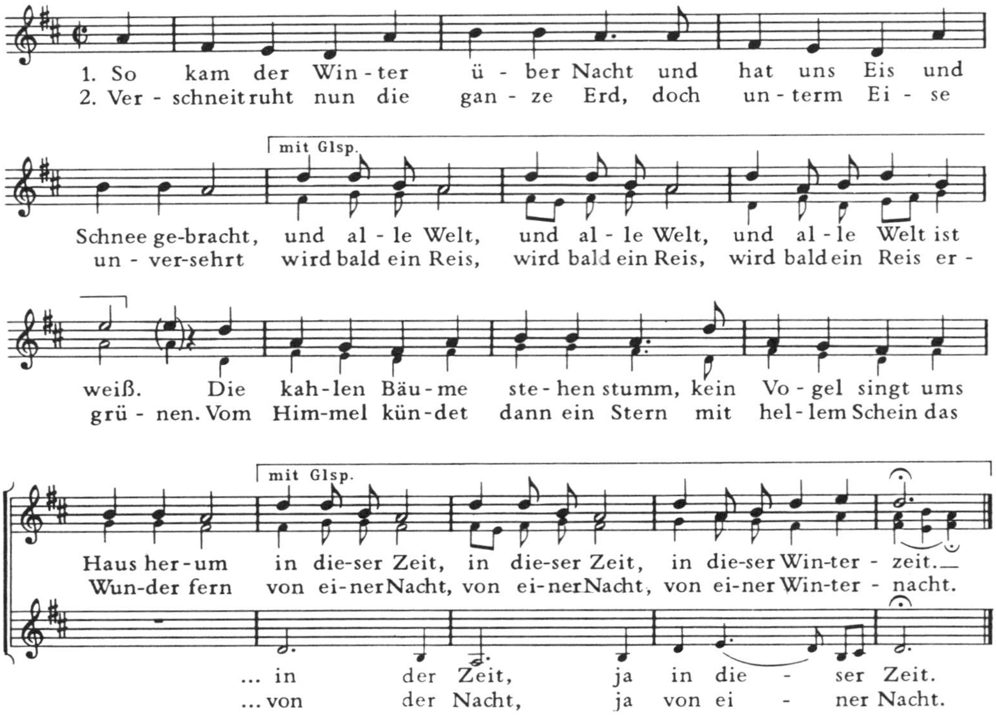

T, M und S: Karl Haus
Aus: K. Haus, Jahrein – jahraus, Liedfolge 4. Musikverlag zum Pelikan, Zürich

Jingle bells

Den Schlitten zieht mein Pferd

Den Schlitten zieht mein Pferd durch Wald und Feld im Schnee.
Wir lachen unbeschwert und singen „ho" und „he"!
Die Glöckchen klingen hell, wenn man am Zügel zieht,
wir fahren, welch ein Spaß, so schnell mit unserm Schlittenlied.
Jingle bells ...

T und M: aus den USA · Deutscher Text: Lieselotte Holzmeister
Aus: J. Holzmeister, Tanz mit. Fidula-Verlag, Boppard/Rhein

Komm nun, weihnachtlicher Geist

Kanon

Ostinato

T und M: Jens Rohwer
Aus: J. Rohwer, Kanons. Möseler Verlag, Wolfenbüttel und Zürich

Und unsrer lieben Frauen

2. Und wie der Baum ein' Schatten gab wohl über alle Land: Herr Jesus Christ, der Heiland, also ist er genannt. Kyrie eleison.
3. Und unsre liebe Fraue, die trug ein Kindelein. — Davon woll'n wir nun singen und wollen fröhlich sein. Kyrie eleison.

T und M: nach Beuttners Gesangbuch, 1602
Aus: J. Diewald/A. Lohmann/G. Thurmair, Das Kirchenlied, Teil 1. Christophorus-Verlag, Freiburg im Breisgau
S: Franz Möckl

Maria durch ein Dornwald ging

T und M: aus dem 16. Jahrhundert, nach A. v. Haxthausen, Geistliche Volkslieder, Paderborn 1850
S: Karl Haus/Franz Möckl

Vom Himmel hoch, da komm ich her

2. Euch ist ein Kindlein heut geborn von einer Jungfrau auserkorn, ein Kindelein so zart und fein, das soll eur Freud und Wonne sein.
3. Es ist der Herr Christ, unser Gott, der will euch führn aus aller Not, er will eur Heiland selber sein, von allen Sünden machen rein.
4. So merket nun das Zeichen recht, die Krippen, Windelein so schlecht; da findet ihr das Kind gelegt, das alle Welt erhält und trägt.
5. Lob, Ehr sei Gott im höchsten Thron, der uns schenkt seinen ein'gen Sohn; des freuet sich der Engel Schar und singet uns solch neues Jahr.

T: Martin Luther
M: aus Valentin Schumanns Gesangbuch, 1539

Luther schuf sein „Kinderlied auf die Weihnacht" (gedruckt 1535) nach dem alten Spielmannslied „Ich kum aus frembden Landen her" und übernahm zuerst auch die Melodie dieses Liedes (Beispiel für eine Kontrafaktur: Unterlegung eines neuen, meist geistlichen Textes unter eine beliebte weltliche Melodie). Von 1539 an ist der Text mit der heute bekannten Melodie verbunden, die das Herabsteigen vom Himmel melodisch symbolisiert.

Nun sei uns willkommen

Kanon

Schluß der einzelnen Stimmen

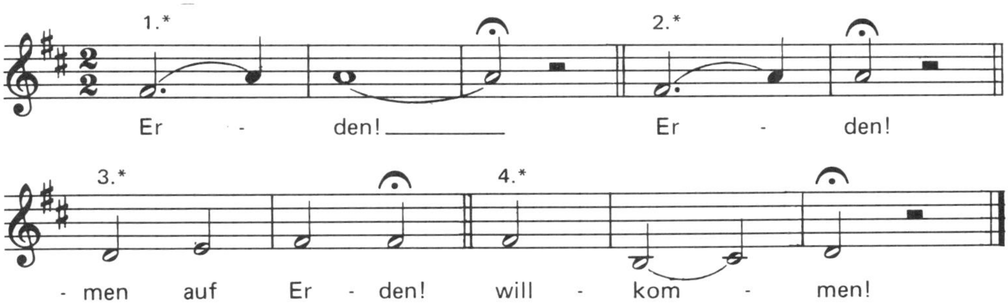

T und M: Walter Rein
Aus: W. Rein, Der Ring bind't alle Ding. Bärenreiter-Verlag, Kassel und Basel

Lieb Nachtigall, wach auf

2. Flieg her zum Kripplein klein, flieg her gefiedert Schwesterlein, laß tönen hold dein Schnäbelein, sing Nachtigall, gar fein! Dem Kindelein fröhlich singe, lieblich klinge, Flüglein schwinge, sing dem teuren Christkindlein!

3. Sing, Nachtigall, ohn' End', zu vielen hunderttausendmal, das Kindlein lobe ohne Zahl, ihm deine Lieder send'! Dem Heiland mein Ehr' beweise, lob und preise laut und leise, sing dem Christuskindelein!

T und M: aus dem Bamberger Gesangbuch, 1670
S: Fritz Jöde
Aus: F. Jöde, Der Musikant. Möseler Verlag, Wolfenbüttel und Zürich

Es ist ein Ros entsprungen

2. Das Röslein, das ich meine,
davon Jesaias sagt,
hat uns gebracht alleine
Marie, die reine Magd;
aus Gottes ewgem Rat
hat sie ein Kind geboren
wohl zu der halben Nacht.

3. Das Blümelein so kleine,
das duftet uns so süß,
mit seinem hellen Scheine
vertreibt's die Finsternis;
wahr' Mensch und wahrer Gott,
hilft uns aus allem Leide,
rettet von Sünd und Tod.

T (1. und 2. Strophe) und M: aus dem 15. Jahrhundert, überliefert durch das Speyersche Gesangbuch, Köln 1599
T (3. Strophe): überliefert durch das Liederbuch „Kleine Missionsharfe", Berlin 1853
S: Michael Praetorius

Der Gemeindegesang in der evangelischen Kirche war ursprünglich einstimmig und unbegleitet. Erst gegen Ende des 16. Jahrhunderts wurden vierstimmige Sätze mit der Melodie im Sopran für das gemeinsame Singen des Kirchenchores (mehrstimmig) und der Gemeinde (einstimmig) als „Kantionalsätze" veröffentlicht. Die bedeutendsten Komponisten waren L. Osiander, J. H. Schein, M. Praetorius, M. Franck, M. Vulpius.

In dulci jubilo

2. O Jesu parvule[5]), nach dir ist mir so weh. Tröst mir mein Gemüte, o puer optime[6]), durch alle deine Güte, o princeps gloriae[7]). Trahe me post te[8]).

3. Ubi sunt gaudia?[9]) Nirgend mehr denn da, wo die Engel singen nova cantica[10]), und die Schellen klingen in regis curia[11]). Eia, wärn wir da!

1) in süßem Jubel -
2) liegt in der Krippe -
3) in der Mutter Schoß -
4) du bist A und O, Anfang und Ende -
5) o kleines Jesulein -
6) o bester Knabe -
7) o Fürst der Herrlichkeit -
8) ziehe mich zu dir -
9) wo sind Freuden? -
10) neue Gesänge -
11) in des Königs Palast -

T und M: aus dem 14. Jahrhundert
S: Hans Lang
Aus der Kantate „In dulci jubilo", op. 51. Verlag B. Schott's Söhne, Mainz

Bereits im 14. Jahrhundert wird das Lied als „fröhliches Gesänglein" erwähnt, das als Reigenlied nicht nur zu Weihnachten gesungen wurde. Als Lied mit abwechselnder deutscher und lateinischer Textierung, Mischpoesie genannt, wurde es im 15. Jahrhundert in ganz Deutschland bekannt. Diese Liedgattung ermöglicht einen Wechselgesang zwischen Gemeinde (deutscher Text) und Priester oder Chor (lateinischer Text).

Ehre sei Gott in der Höhe

Kanon

T: Lukas 2,14
M: Ludwig Ernst Gebhardi

Es ist für uns eine Zeit angekommen

T und M: Sternsingerlied aus der Schweiz

Das Sternsingen ist ein seit der Mitte des 16. Jahrhunderts gepflegter volkstümlicherr Brauch. Drei als Könige verkleidete Gestalten ziehen am Dreikönigstag mit einem (sich manchmals drehenden) Stern auf einer Stange von Haus zu Haus, singen Dreikönigslieder oder sagen Sprüche auf und werden dafür belohnt. Heute sammeln sie oft für karitative Zwecke.

Ubi sunt gaudia

Kanon

Ostinato

Übersetzung: Wo sind Freuden – neue Gesänge – im Himmelssaal.

T und M: Philip Hayes
Textübertragung: Fritz Jöde
Aus: F. Jöde, Der Kanon. Möseler Verlag, Wolfenbüttel und Zürich
Ostinato: Karl Haus

Als ich bei meinen Schafen wacht

2. Er sagt, es soll geboren sein zu Bethlehem ein Kindelein.
   Des bin ich froh . . .
3. Er sagt, das Kind läg da im Stall und soll die Welt erlösen all.
   Des bin ich froh . . .

T und M: aus dem Kölner Gesangbuch, 1625
S: Karl Haus/Franz Möckl

Wer klopfet an?
(Die Herbergsuche)

2. *(Beim zweiten Wirt)* „Wer vor der Tür?" „Ein Weib mit ihrem Mann." „Was wollt denn ihr?" „Hört unsre Bitten an: Lasset heut bei Euch uns wohnen! Gott wird Euch schon alles lohnen." „Was zahlt ihr mir?" „Kein Geld besitzen wir." „Dann geht von hier!" „O, öffnet uns die Tür!" „Ei, macht mir kein Ungestüm! Da, packt euch, geht wo anders hin."

3. *(Beim dritten Wirt)* „Was weinet ihr," „Vor Kält erstarren wir." „Wer kann dafür?" „O gebt uns doch Quartier! Überall sind wir verstoßen, jedes Tor ist uns verschlossen!" „So bleibt halt drauß." „O, öffnet uns das Haus!" „Da wird nichts draus!" „Zeigt uns ein andres Haus." „Dort geht hin zur nächsten Tür! Ich hab nicht Platz! Geht nur von hier!"

4. *(Beim vierten Wirt)* „Da geht nur fort!" „O, Freund, wohin? wo aus?" „Ein Viehstall dort!" „Geh, Josef, nur hinaus! O, mein Kind nach Gottes Willen mußt du schon die Armut fühlen." „Jetzt geht nur fort!" „O, dies sind harte Wort!" „Zum Viehstall dort!" „O, wohl ein schlechter Ort!" „Ei, der Ort ist gut für euch; ihr braucht nicht viel. Da geht nur gleich!"

T und M: aus A. Hartmann, Volkstümliche Weihnachtslieder aus Bayern, Tirol und Land Salzburg, Leipzig 1884
Den Text zeichnete August Hartmann auf, die Melodie Hyazinth Abele.

Andachtsjodler

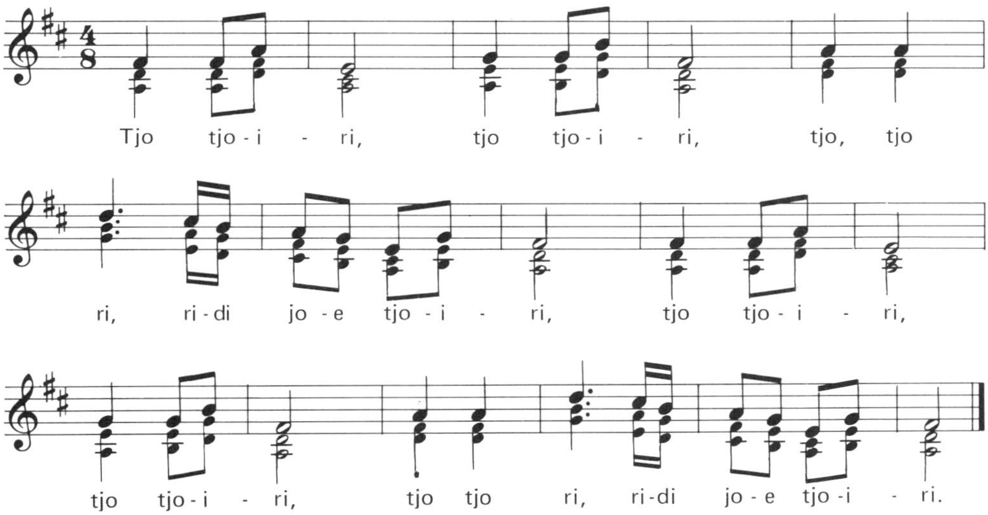

T und M: aus Südtirol

O freudenreicher Tag

T und M: aus Franken
S: Karl Haus

I saw three ships

4. Pray, whither sailed those ships all three? . . .

5. O, they sailed into Bethlehem, . . .

6. And all the bells on earth shall ring, . . .

7. And all the angels in Heaven shall sing, . . .

Ritornell

T und M: aus England
S: Karl Haus/Franz Möckl

O Sanctissima

O du heilige · O du fröhliche

O du heilige, o du gütige, süße Jungfrau Maria!
Tröste uns Armen, schenk uns dein Erbarmen.
Bete, bet' für uns, Maria!

T und M: aus Italien (Sizilien)
Deutscher Text: Ingrid Adam

Dem sizilianischen Schifferlied, das Johann Gottfried Herder 1788 nach Deutschland brachte, unterlegte Johannes Daniel Falk 1819 für die Zöglinge das „Lutherhofs" in Weimar einen deutschen Text, zu dem Heinrich Holzschuher etwas später weitere zwei Strophen hinzufügte. In dieser dreistrophigen Form wurde „O du fröhliche" zu einem der beliebtesten deutschen Weihnachtslieder:

1.–3. O du fröhliche, o du selige, gnadenbringende Weihnachtszeit!
  1. Welt ging verloren, Christ ward geboren:
  2. Christ ist erschienen, uns zu versühnen:
  3. Himmlische Heere jauchzen dir Ehre:
1.–3. Freue, freue dich, o Christenheit!

Les anges dans nos campagnes

Engel lassen laut erschallen

1. Les anges dans nos campagnes ont entonné l'hymne des cieux, et l'écho de nos montagnes redit ce chant mélodieux:
2. Ils annoncent la naissance du saint Rédempteur d'Israél, et pleins de reconnaissance chantent dans ce jour solennel:

1. Engel lassen laut erschallen überm Land den Lobgesang. Tausendfach die Berge hallen wider ihren Sang und Klang:
2. Und es künden ihre Lieder allen Menschen in der Nacht: Gottes Sohn stieg heut hernieder, hat das Himmelslicht gebracht.

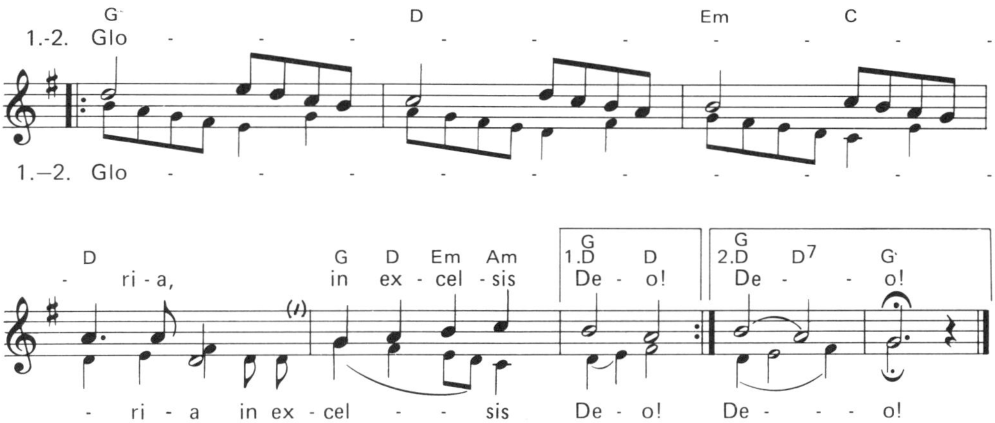

T und M: aus Frankreich
Deutscher Text: Heinz Cammin
S: Karl Haus
Aus: K. Haus, Weihnacht in aller Welt. Verlag B. Schott's Söhne, Mainz

Zumba zumba, welch ein Singen

2. Jeder will ihm etwas bringen, (was bringen), ich aber hab nicht viel Geld, (viel Geld); ich kann dem Kindlein nur singen, (nur singen), hoffen, daß es ihm gefällt, (gefällt).

3. Daß sich das Kindlein erfreute, (erfreute), spielten die Hirten ihm vor, (ihm vor). Singt nun mit mir, liebe Leute, (ihr Leute), singt mit den Hirten im Chor, (im Chor).

T und M: aus Spanien
Deutscher Text: Lieselotte Holzmeister
Aus der Liedblattreihe „Mosaik“. Fidula-Verlag, Boppard/Rhein

Über weiße Felder

Kanon

Dazu Ostinati ad lib.

T: Franz Möckl
M: aus Siebenbürgen
Fassung und Ostinati: Karl Haus/Franz Möckl

Mary had a baby

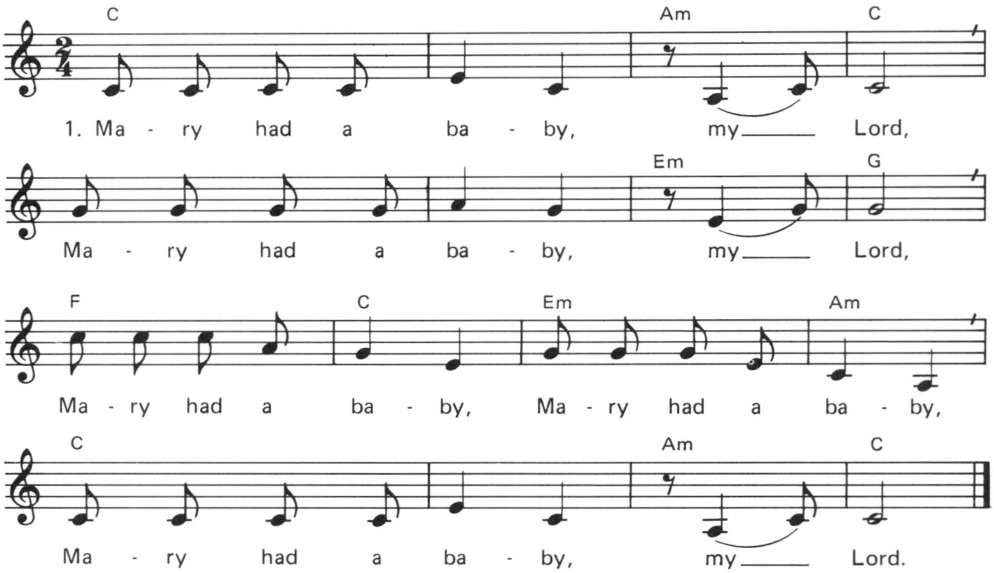

2. Where was he born, my Lord . . .
3. Born in a stable, my Lord . . .
4. Where did she lay him, my Lord . . .
5. Laid him in a manger, my Lord . . .
6. What did she name him, my Lord . . .
7. Named him King Jesus, my Lord . . .

T und M: Negro Spiritual aus den USA

Schweigt fein still

2. Höret, die Engel singen all, loben und preisen Gott mit Schall.
Höret, nun blasen die Trompeten, klappern dazu die Kastagnetten.
„Schweigt fein still, . . ."

3. Was dort der Mann für Freude hat: Singet gar das Magnificat.
Kaum er den ersten Ton verloren, zieht ihn der Josef bei den Ohren.
„Schweigt fein still, . . ."

4. Sucht auch der alte Bettelmann, ob er das Kindlein streicheln kann.
Kaum er den ersten Schritt will tuen, tritt ihn der Josef auf die Schuhen.
„Schweigt fein still, . . ."

5. Ach, und dem Ochs und Eselein hat man vergessen Heu zu streun.
Allediewel die Leut sich freuen, fangen die beiden an zu schreien.
„Schweigt fein still, . . ."

T und M: aus Südfrankreich
Deutscher Text: Bernhard Weber
S: Karl Haus
Aus: K. Haus, Fröhliche Weihnacht. Verlag B. Schott's Söhne, Mainz

Ich will den Herrn loben

Kanon

T und M: Georg Philipp Telemann

Singt dem Herren

Kanon

Die eingeklammerten Noten und Worte gelten für den Kanonschluß.

T (1): Fritz Jöde
T (2): Gottfried Wolters
M: Michael Praetorius
Aus: G. Wolters, Das singende Jahr VI/64. Möseler Verlag, Wolfenbüttel und Zürich

Cantate Domino

Kanon

Ostinato (instrumental oder Männerstimmen) ad lib. als 4. Gruppe bei ↓ einsetzen!

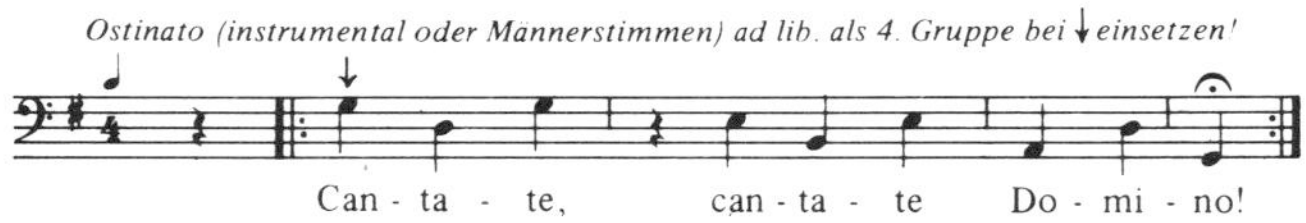

Übersetzung: Singet dem Herrn

T: aus der Bibel
M: Paul Ernst Ruppel nach Dietrich Buxtehude
Aus: P. E. Ruppel, Jubilo. Möseler Verlag, Wolfenbüttel und Zürich

O Haupt voll Blut und Wunden

2. Du edles Angesichte, davor sonst schrickt und scheut
was Macht hat und Gewichte, wie bist du so bespeit,
wie bist du so erbleichet! Wer hat dein Augenlicht,
dem sonst kein Licht nicht gleichet, so schändlich zugericht'?

3. Nun, was du, Herr, erduldet, ist alles meine Last;
ich hab es selbst verschuldet, was du getragen hast.
Schau her, hier steh ich Armer, der Zorn verdienet hat.
Gib mir, o mein Erbarmer, den Anblick deiner Gnad.

4. Erkenne mich, mein Hüter, mein Hirte, nimm mich an.
Von dir, Quell aller Güter, ist mir viel Gut's getan;
dein Mund hat mich gelabet mit Milch und süßer Kost,
dein Geist hat mich begabet mit mancher Himmelslust.

5. Wenn ich einmal soll scheiden, so scheide nicht von mir,
wenn ich den Tod soll leiden, so tritt du dann herfür;
wenn mir am allerbängsten wird um das Herze sein,
so reiß mich aus den Ängsten kraft deiner Angst und Pein.

6. Erscheine mir zum Schilde, zum Trost in meinem Tod
und laß mich sehn dein Bilde in deiner Kreuzesnot.
Da will ich nach dir blicken, da will ich glaubensvoll
dich fest an mein Herz drücken. Wer so stirbt, der stirbt wohl.

T: Paul Gerhardt nach dem lateinischen „Salve caput cruentatum" (Arnulf von Löwen, vor 1250)
M: Hans Leo Haßler

Eines der bedeutsamsten Beispiele für Kontrafaktur (vgl. S. 56).

Ursprünglicher Text der 1. Strophe des Chorliedes von H. L. Haßler:

Mein Gmüt ist mir verwirret, das macht ein Jungfrau zart,
bin ganz und gar verirret, mein Herz, das kränkt sich hart.
Hab Tag und Nacht kein Ruh, führ allzeit große Klag,
tu stets seufzen und weinen, in Trauern schier verzag.

Christ ist erstanden

T: aus dem 12. Jahrhundert
M: im 16. Jahrhundert aufgezeichnet

Ein feste Burg ist unser Gott

2. Mit unsrer Macht ist nichts getan, wir sind gar bald verloren; es streit' für uns der rechte Mann, den Gott hat selbst erkoren. Fragst du, wer der ist? Er heißt Jesus Christ, der Herr Zebaoth, und ist kein andrer Gott, das Feld muß er behalten.
3. Und wenn die Welt voll Teufel wär und wollt uns gar verschlingen, so fürchten wir uns nicht so sehr, es soll uns doch gelingen. Der Fürst dieser Welt, wie saur er sich stellt, tut er uns doch nicht; das macht, er ist gericht'. Ein Wörtlein kann ihn fällen.
4. Das Wort sie sollen lassen stahn und kein' Dank dazu haben; er ist bei uns wohl auf dem Plan mit seinem Geist und Gaben. Nehmen sie den Leib, Gut, Ehr, Kind und Weib: Laß fahren dahin, sie habens kein' Gewinn, das Reich muß uns doch bleiben.

T und M: Martin Luther

Martin Luther schrieb dieses Lied unter dem Titel „Der 46. Psalm" im Jahre 1527, zehn Jahre nach Beginn der Reformation. Er selbst war von schwerer Krankheit genesen, aus verschiedenen Gebieten des Reiches kam Kunde von der Verfolgung seiner Glaubensbrüder. Auf Befehl des Bischofs von Passau war sein Freund und ehemaliger Schüler Leonhard Kaiser in Schwerdingen öffentlich verbrannt worden. Von ihm schrieb Luther: „Er hat den überwunden, dessen Gewalt so groß ist, daß ihr keine auf Erden mag verglichen werden. Gottes Wort wird wohl bleiben, und wir werden auch bleiben, alle, die daran hängen". Das Lied spielt auch in den späteren Glaubenskämpfen eine wichtige Rolle. Der Alte Dessauer nannte es „Unsers Herrgotts Dragonermarsch", für den schwedischen König Gustav II. Adolf war es das „Siegeslied" schlechthin.

Nun bitten wir den Heiligen Geist

2. Du wertes Licht, gib uns deinen Schein, / lehr uns Jesum Christ kennen allein, / daß wir an ihm bleiben, dem treuen Heiland, / der uns bracht hat zum rechten Vaterland. / Kyrieleis.

3. Du süße Lieb, schenk uns deine Gunst, / laß uns empfinden der Liebe Brunst, / daß wir uns von Herzen einander lieben / und im Frieden auf einem Sinn bleiben. / Kyrieleis.

T (1. Strophe) und M: Pfingstleise[1]) aus dem 13. Jahrhundert
T (2. und 3. Strophe): Martin Luther

[1]) Leise: Bezeichnung für die ältesten deutschen Kirchenlieder nach der volkstümlichen Form des Zwischen- oder Schlußrufes „Kyrie eleison"

Eine Seite aus dem 158 Lieder umfassenden „Babstschen Gesangbuch" (Leipzig 1545), zu dem Luther die Vorrede schrieb
▶

XII.

Der lobgesang / Nu bitten wir den heiligen Geist.

D. Mart. Luther.

Lobet und preiset

Kanon

Ostinato

T und M: mündlich überliefert
Ostinato: Karl Haus/Franz Möckl

Vom Aufgang der Sonne

Kanon

T: Psalm 113,3
M: Paul Ernst Ruppel
Aus: P. E. Ruppel, Kleine Fische. Möseler Verlag, Wolfenbüttel und Zürich

Karew jom

Begleitung

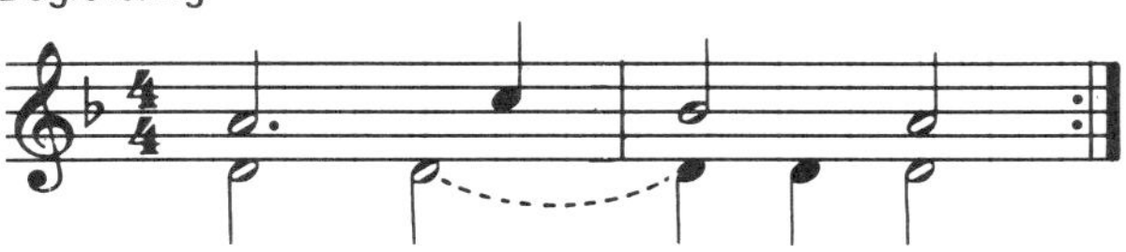

Übersetzung:

Es kommt der Tag, der weder Tag ist noch Nacht.
Erhabener, gib Kunde, daß dein ist der Tag und dein ist die Nacht.

(K.H.)

T: Pessach-Haggada
M: chassidisch (siehe Erklärung bei „Hava nagila“, S. 218)
S: Karl Haus

Halleluja aus Taizé

Kehrvers

(Melodie der Strophen wie Kehrvers)

1. Gehet nicht auf in den Sorgen dieser Welt, suchet zuerst Gottes Herrschaft. Und alles andere wird euch dazu geschenkt. Halleluja, halleluja.
2. Ihr seid das Volk, das der Herr sich ausersehn. Seid eines Sinnes und Geistes. Ihr seid getauft durch den Geist zu einem Leib. Halleluja, halleluja.
3. Ihr seid das Licht für die Dunkelheit der Welt, ihr seid das Salz für die Erde. Denen, die suchen, macht hell den schweren Weg. Halleluja, halleluja.
4. Liebet einander, wie euch der Herr geliebt. Er liebte euch bis zum Tode. Er hat den Tod ein für allemal besiegt. Halleluja, halleluja.

T und M: aus Taizé, mündlich überliefert
Die „Communauté de Taizé“, eine evangelische ökumenische Gemeinschaft, wurde 1940 von Roger Schütz in Taizé (Frankreich, Departement Saône-et-Loire) gegründet. Neben ihrer Tätigkeit dort und in den Elendsvierteln der ganzen Welt bemühen sich die „Brüder von Taizé“ durch konfessionsübergreifende Tagungen und Treffen um eine Einigung der christlichen Kirchen.

Sende dein Licht

Kanon

T: nach Psalm 43,3
M: mündlich überliefert

Laßt uns miteinander[1)]

Kanon

T und M: mündlich überliefert

1) Auch so im Gebrauch: Lasset uns gemeinsam...

Varjele vakainen Luoja

Schütz uns, Herr, zu allen Zeiten

2. Aita rautainen rakenna, kivilinna liitättele
ympäri minun eloni, kahen puolen kansoaani,
asvukseni, ainokseni, tuekseni, turvakseni!

2. Richte einen Zaun aus Eisen, eine Burg aus Stein erbaue!
Herr, mein Leben, meine Wohnung deiner Obhut will vertrauen,
Schutz und Schirm mir stets gewähre, laß mich deine Größe schauen.

T und M: aus Finnland
Deutscher Text und S: Karl Haus

Dagen viger og går bort

Weichen wird der Tag nun bald

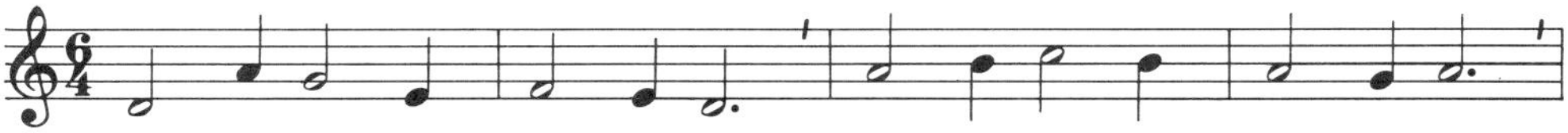

1. Da - gen vi - ger og går bort, luf - ten bli - ver sval og sort;
2. Ti - den sag - te li - ster sig, glas - set rin - der ha - ste - lig;

1. Wei - chen wird der Tag nun bald, dun - kel wird es schon und kalt,
2. Wie im Flug ver - geht die Zeit, halt, o Mensch, dich stets be - reit,

so - len alt er da - let brat, det går ad den mør - ke nat.
dø - den os i hæ - len går, e - vig - he - den fo - re - står.

fort ist jetzt der Son - ne Schein, Nacht bricht ü - bers Land her - ein.
ei - ner war - tet vor dem Tor, E - wig - keit steht uns be - vor!

3. Alle verds-lig' ting forgår,
jeg til herlighed opstår,
når Gud ved basunens lyd
kalder mig til evig fryd.

3. Muß auch alle Welt vergeh'n,
werde ich doch aufersteh'n,
wenn Gott mit Posaunenschall
rufet seine Kinder all.

Streichinstr./Stabspiel

Dazu 

T und M: aus Dänemark (15. Jahrhundert)
Deutscher Text und Ostinato: Karl Haus/Franz Möckl

Aussprache:

å, aa = abgedunkeltes a mit Einfärbung nach o
æ = offenes e, fast ä
ø = ö
d = nach l, n, r stumm, nach und zwischen Vokalen mit
Zungenspitze zwischen Zähnen (Zahnreibelaut)
g = als Anlaut g, sonst Reibelaut (kurzes ch vorne)
k = als Anlaut k, sonst wie g
v = w
jeg = jaĭ
sig = saĭ
mig = maĭ
(jeweils kurze i)

Du, Herr, gabst uns dein festes Wort[1)]

2. Deinen Atem gabst du uns jetzt schon als Unterpfand,
   denn als Kinder deines Vaters sind wir anerkannt.

3. Nähr die Kirche, alle Glieder, stets mit deiner Kraft,
   stärk uns täglich, immer wieder in der Jüngerschaft.

4. Immer wieder will ich singen: Gib uns deinen Geist,
   der die Herzen, auch die trägen, mit der Freude speist.

T: Lutz Hoffmann/Franz Mausberg/Karl Norres/Le Schuhen
M: Negro Spiritual aus den USA („It's me, oh Lord")
Aus: Liedmesse für die Osterzeit. Edition Werry, Mülheim a. d. Ruhr

1) Auch so im Gebrauch: Du gabst uns, Herr, dein festes Wort ...

He's got the whole world

2. I: He's got the tiny little baby in his hands, :I
   he's got the whole world in his hands.
3. He's got you and me, brother, in his hands ...
4. He's got the son and his father in his hands ...
5. He's got the mother and her daughter in his hands ...
6. He's got the wind and the rain in his hands ...
7. He's got the sun and the moon in his hands ...
8. He's got the whole world in his hands ...

T und M: Gospel aus den USA

Gonna lay down my burden
(Down by the riverside)

2. Gonna lay down my sword and shield down by the riverside …
3. Gonna try on my long white robe, down by the riverside …
4. Gonna try on my starry crown down by the riverside …

1) I am going to

T und M: Gospel aus den USA

Dieses Lied wurde nach Ende des Zweiten Weltkriegs von amerikanischen Soldaten gesungen.

Vgl. Anmerkung S. 101

Oh happy day

T und M: Gospel aus den USA

This world is not my home

2. They're all expecting me,
and that's one thing I know,
my Saviour pardoned me
and now I onward go;
I know He'll take me
thru tho I am weak and poor. And I can't feel . . .

3. I have a loving mother
up in glory land,
I don't expect to stop
until I shake her hand;
She's waiting now for
me in heaven's open door. And I can't feel. . .

4. Just up in glory land
we'll live eternally.
The saints on ev'ry hand
are shouting victory,
Their song of sweetest
praise drift back from heaven's shore. And I. . .

Übersetzung:

1. Diese Welt ist nicht mein Zuhause,
ich bin hier nur auf der Durchreise.
Meine Schätze werden irgendwo
jenseits des Himmelsblaus aufbewahrt,
und die Engel winken mir
aus der offenen Himmelspforte zu.
Und ich kann mich in dieser Welt nicht mehr zu Hause fühlen.
Ach, Herr, du weißt, daß ich keinen solchen Freund wie dich habe.
Wenn der Himmel nicht meine Heimat ist,
was soll ich dann tun, Herr?
Die Engel winken mir aus der offenen Himmelspforte zu,
und ich kann mich in dieser Welt nicht mehr zu Hause fühlen.

2. Sie warten alle auf mich,
und ich weiß das eine ganz sicher,
daß mir mein Erlöser vergeben hat,
und nun schreite ich voran.
Ich weiß, er wird mich durch die Himmelspforte führen,
obwohl ich schwach und armselig bin. Und ich. . .

3. Ich habe eine liebende Mutter
oben in Gottes Reich.
Ich denke nicht stehenzubleiben,
bis ich ihre Hand schüttle.
Sie wartet nun auf mich
in der offenen Himmelspforte. Und ich. . .

4. Nur oben in Gottes Reich
werden wir ewig leben.
Die Heiligen zu beiden Seiten Gottes
rufen Heil und Sieg,
ihre süßesten Lobpreisungen hallen von dem
himmlischen Gestade herüber. Und ich. . .

(Janne und Klaus Weinzierl)

T und M: Gospel aus den USA

Oh, when the Saints

2. And when the band begins to play,
   And when the band begins to play,
   Oh, I want to be in that number,
   When the band begins to play.

3. Oh, when they crown Him Lord of Lords,
   Oh, when they crown Him Lord of Lords,
   Yes, I want to be in that number,
   When they crown Him Lord of Lords.

4. When they march all around His throne,
   When they march all around His throne,
   Oh, I want to be in that number,
   When they march around His throne.

Übersetzung:

1. Oh, wenn die Heiligen einziehen, möchte ich dabei sein…
2. Und wenn die Musikband zu spielen beginnt, möchte ich dabei sein…
3. Wenn sie den König der Könige krönen, möchte ich dabei sein…
4. Wenn sie alle um seinen Thron herumziehen, möchte ich dabei sein…

(F. M.)

T und M: Gospel aus den USA

Kum ba yah

(Come by here)

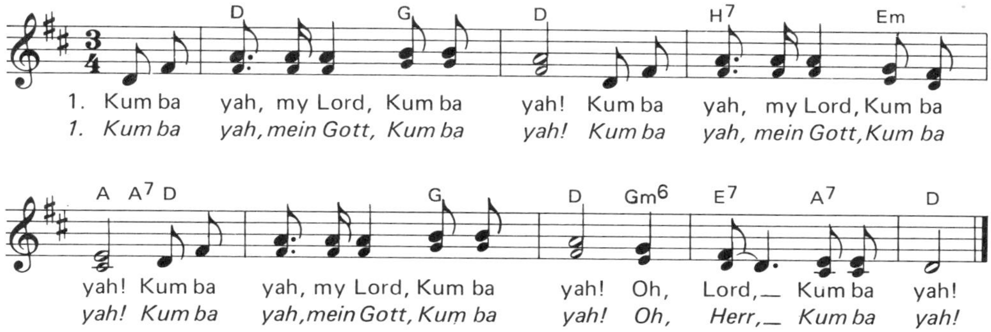

2. Someone's crying, Lord, Kum ba yah!
3. Someone's singing, Lord, Kum ba yah!
4. Someone's praying, Lord, Kum ba yah!

2. Einer jauchzt es, Herr, Kum ba yah!
3. Einer singt es, Herr, Kum ba yah!
4. Einer betet, Herr, Kum ba yah!

T und M: Gospel aus den USA
Deutscher Text: Franz Möckl

Dies ist eines der seltenen Beispiele für Gospels, die im Dreiertakt stehen.

Das Lied wird auch auf folgenden Text gesungen:

1. Come by here, my Lord, come by here, come by here ... Oh Lord, come by here.
2. Churches are burning Lord, come by here ...
3. Somebody's starving Lord, come by here ...
4. Somebody's shooting Lord, come by here ...
5. We want justice Lord, come by here ...
6. We want freedom Lord, come by here ...

See the baby

(Amen)

2. See him in the temple, talking to the elders, how they marvelled at his wisdom.
3. See him in the garden, praying to his father in deepest sorrow.
4. Yes, he is my savior, Jesus died to help us, and he rose on Easter.
5. Halleluja, in the kingdom with my savior. Amen, Amen.

Ausführung: Der Kanon (Unterstimme) ist einmal vorauszusingen. Die Schlußfermate gilt nur für die letzte Strophe.

T und M: aus den USA
Aus: R.R. Klein/H. Weber, Die Welt im Lied, Ausgabe Süd.
Verlag Moritz Diesterweg, Frankfurt am Main—Berlin—München

Amazing grace

Wie süß der Klang

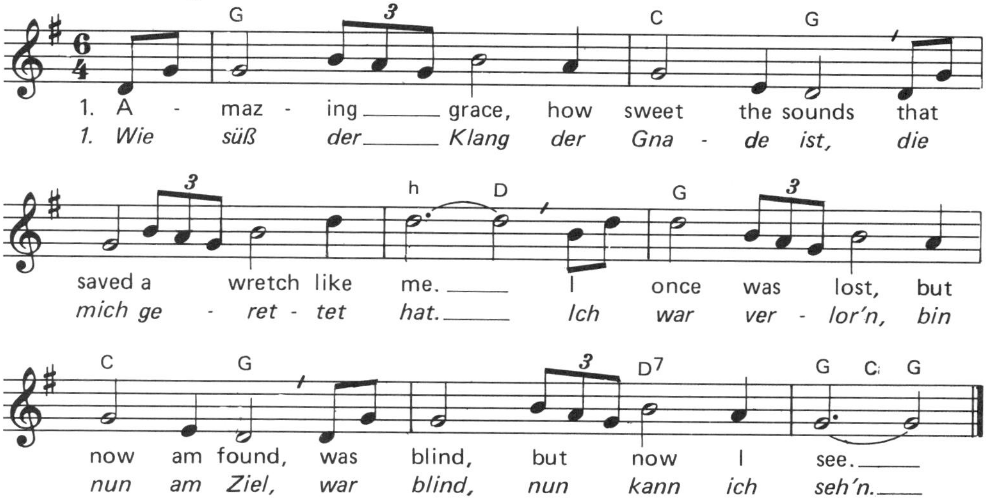

2. 't was grace that taught my heart to fear,
and grace my fears relieved.
How precious did that grace appear
the hour I first believed.

3. Thro's many dangers, toils and snares
I have already come,
't is grace hath bro't me safe thus far,
and grace will lead me home.

4. How sweet the name of Jesus sounds
in a believer's ear.
It soothes his sorrows, heals the wounds,
and drives away his fear.

5. Must Jesus bear the cross alone,
and all the world go free?
No, there's a cross for ev'ryone,
and there's a cross for me.

2. Zu fürchten lehrt' die Gnade mich,
dann nahm sie mir die Angst.
Wie lieb schien diese Gnade mir,
als ich den Glauben fand.

3. Hab auch viel Böses schon erlebt,
erfahren manches Leid;
die Gnade hat mich stets bewahrt,
führt sicher mich nach Haus.

4. Wie süß der Name Jesus klingt,
für den, der an ihn glaubt.
Du stillst den Schmerz, der Wunden Blut,
und nimmst von mir die Angst.

5. Trägt Jesus ganz allein das Kreuz,
und diese Welt tut nichts?
Für jeden Menschen gibt's ein Kreuz –
und eines auch für mich.

T: John Newton
Deutscher Text: Jan Zinkler
M: Spiritual (Traditional Hymn) schottischer Herkunft

Go, tell it on the mountains

Komm, sag es allen weiter

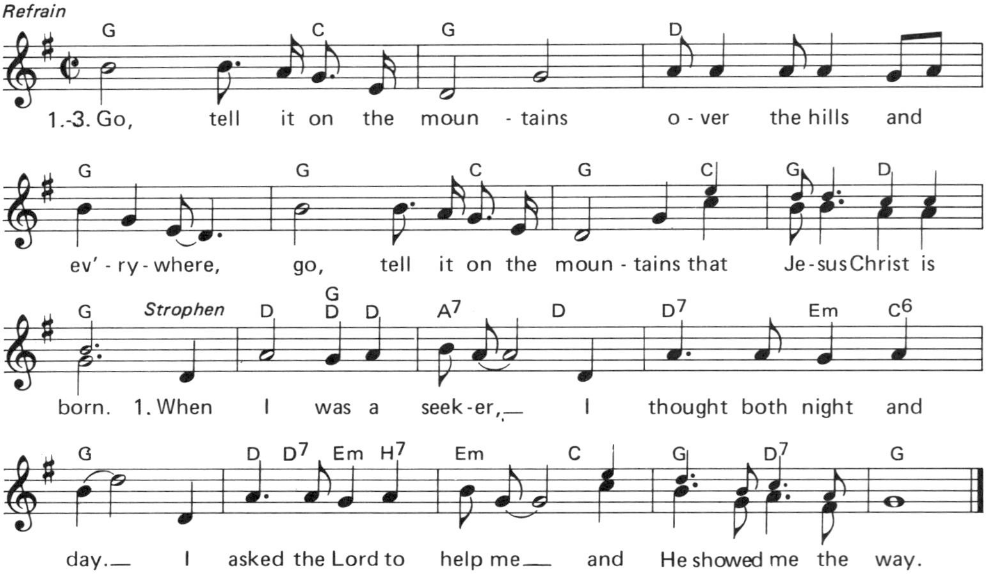

2. He made me a watchman upon the city-wall,
   And if I am a Christian, I am the least of all.

3. 't was in a lowly manger that Jesus Christ was born.
   The Lord sent down an angel that bright and glorious morn'.

Übersetzung:

1. Lauft, sagt es zu den Bergen, über die Hügel und überall ... daß Christus ist geboren. Als ich ein Suchender war, überlegte ich Tag und Nacht, bat den Herrgott, mir zu helfen, und er zeigte mir den Weg.
2. Er machte mich zum Wächter auf den Stadtmauern; und wenn ich ein Christ bin, bin ich der Geringste von allen.
3. Es war eine schlichte Krippe, wo Jesus geboren wurde. Gott sandte einen Engel herab an diesem strahlenden Morgen.

(F. M.)

T und M: aus den USA

Ein Beispiel dafür, daß die Grenzen zwischen Gospel und Spiritual fließend sind. Was spricht für Gospelgesang, was für Spiritual?

When Israel was in Egypt's-Land

2. Thus spoke the Lord, bold Moses said, / If not I'll smite your firstborn dead, } let my people go.

3. No more shall they in bondage toil, / Let them come out with Egypt's spoil, } let my people go.

Übersetzung:

1. Als Israel in Ägypten war: Laß mein Volk ausziehn!
   So hart gedrückt waren sie, daß sie es nicht ertragen konnten: Laß mein Volk ausziehn!
   Geh hinunter, Moses, den Weg hinab ins Ägypterland, sag dem Pharao: Laß mein Volk ausziehn!
2. So sprach der Herr; der tapfere Moses sagte: Laß mein Volk ausziehn!
   Wenn nicht, werd' ich deinen Erstgeborenen erschlagen: Laß mein Volk ausziehn!
3. Nicht länger sollen sie in Knechtschaft schuften: Laß mein Volk ausziehn!
   Laß sie entkommen zu Ägyptens Verderben: Laß mein Volk ausziehn!

(F. M.)

T und M: Negro Spiritual aus den USA
S: Karl Haus/Franz Möckl

Dieses Lied gehört zu den wenigen, die nicht nur eine religiöse Aussage haben, sondern auch als „Geheimbotschaft" in der „underground railroad", der Untergrundbewegung zur Organisation der Flucht in die Nordstaaten der USA oder nach Kanada, dienten.

Swing low, sweet chariot

Schwing sanft, geliebter Wagen

2. If you get there before I do,
Comin' for to carry me home
Tell all my friends I'm comin' too,
Comin' for to carry me home.

3. De brightest day dat ever I saw,
Comin' for to carry me home
When Jesus washed my sins away,
Comin' for to carry me home.

T und M: Negro Spiritual aus den USA
Deutscher Text: Lieselotte Holzmeister
S: Wilhelm Keller
Aus: W. Keller, Negro Spirituals in Sätzen für 3 Stimmen. Fidula-Verlag, Boppard/Rhein

Die Geschichte von Eliah, der vom Triumphwagen (chariot) heimgeholt wird (2. Kg 2,11), umschreibt die Sehnsucht der Negersklaven nach Erlösung von der irdischen Qual durch den Tod. Engel sollen den Gläubigen abholen, ihn in den Himmel begleiten, wie den armen Lazarus in Abrahams Schoß tragen und wiegen (Lk 16,22). Der Jordan ist in den wenigsten Fällen historisch-geographisch zu verstehen. Über den Jordan zu kommen oder vom Erzengel Michael hinübergerudert zu werden bedeutet Eintritt ins Jenseits, Erfüllung aller Wünsche. Insofern sind mit dem Jordan auch Gewässer gemeint, die die Sklaven von ihrer Heimat Afrika oder vom freien Norden der USA trennen.

Michael, row the boat ashore

Michael, bring das Boot an Land

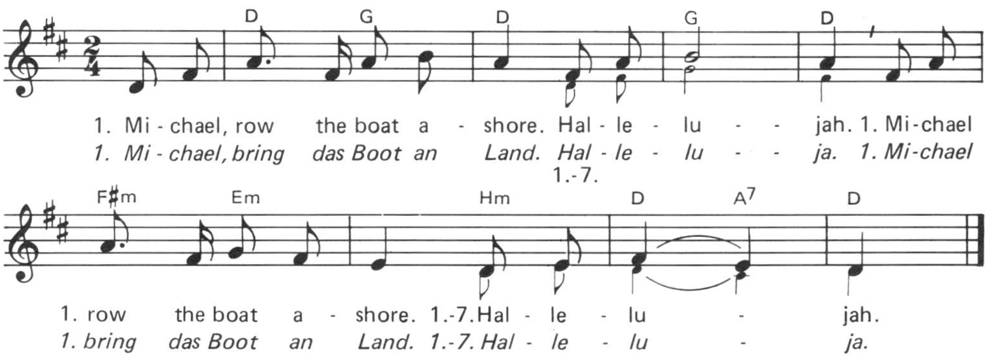

2. Michael's boat a gospelboat . . .
3. Brother lend a helping hand . . .
4. Sister help to trim the sail . . .
5. River Jordan is chilly and cold . . .
   Chils the body, but not the soul . . .
6. The river is deep and the river is wide . . .
   Milk and honey on the other side . . .
7. Going to the city, that I adore . . .
   To my Lord on the other side . . .

2. Es bringt uns das heil'ge Wort . . .
3. Bruder, reich mir deine Hand . . .
4. Schwester, hilf das Segel zieh'n . . .
5. Jordan ist ein kalter Fluß . . .
den ich überqueren muß . . .
6. Er ist tief und er ist breit . . .
Milch und Honig sind nicht weit . . .
7. Laßt mich zu der Stadt eingeh'n . . .
wo ich meinen Gott kann sehn . . .

T und M: Negro Spiritual aus den USA
Deutscher Text: Monika Pietsch

Joshua fit de battle ob Jericho

2. Den de lam' ram sheep horns begin to blow,
   Trumpets begin to soun',
   Joshua commanded de chill'n to shout,
   An' de walls come tumblin' down.

3. You may talk about yo' King ob Gideon,
   You may talk about yo' man ob Saul,
   Dere's none like good ole Joshua
   At de battle ob Jericho.

T und M: Negro Spiritual aus den USA
S: Karl Haus/Franz Möckl

Das ist das Loblied auf Josua, den Sieger über Jericho, der die Hörner blasen ließ, daß die festen Mauern einstürzten, und dem keiner gleich ist, weder Gideon noch Saul. Für die Sklaven verband sich mit Josua die Vorstellung, daß für einen Starken – und stark war auch der schwarze Mann – nichts unmöglich ist. Er wird die Ketten seiner Knechtschaft sprengen.

Der Slang der amerikanischen Neger hat auch seine eigene Schreibweise ausgebildet, die von der englischen abweicht, z. B. de = the, ob = of, an' = and, tumblin' = tumbling, han' = hand, den = then, lam' = lamb, yo' = your, ole = old

Oh nobody knows
Oh, niemand weiß

2. Although you see me goin' long so,
I have my trials here below, } oh yes, Lord.

3. One day when I was walkin' 'long,
De el' ment open'd an' love came down, } oh yes, Lord.

4. I never shall forget that day,
When Jesus washed my sins away, } oh yes, Lord.

2. Du siehst, wie meinen Weg ich geh,
manch harte Prüfung ich besteh, } o ja, Herr.

3. Einmal im Leben es geschieht,
daß man den Himmel offen sieht, } o ja, Herr.

4. Niemals vergeß ich diesen Tag,
da Jesus mir verziehen hat, } o ja, Herr.

T und M: Negro Spiritual aus den USA
Deutscher Text: Franz Möckl

Dieses Lied ist in besonders eindrucksvoller Weise geprägt von tiefem Schmerz, Niedergeschlagenheit und persönlichem Leid, gleichzeitig aber auch von Hoffnung und Freude, die nur im Glauben an Gott begründet sind.

Little David

T und M: Negro Spiritual aus den USA
S: Otto Kaufmann
Aus: O. Kaufmann, Sieben Spirituals. Möseler Verlag, Wolfenbüttel und Zürich

Übersetzung:

Kleiner David, spiel auf deiner Harfe, hallelu!

1. Klein David war ein Hüterbub,
   er tötete Goliath und jauchzte vor Freude.
2. Josua war der Sohn von Nun,
   er wollte nicht eher ruhen, bis sein Werk getan war.

(F. M.)

Worried man

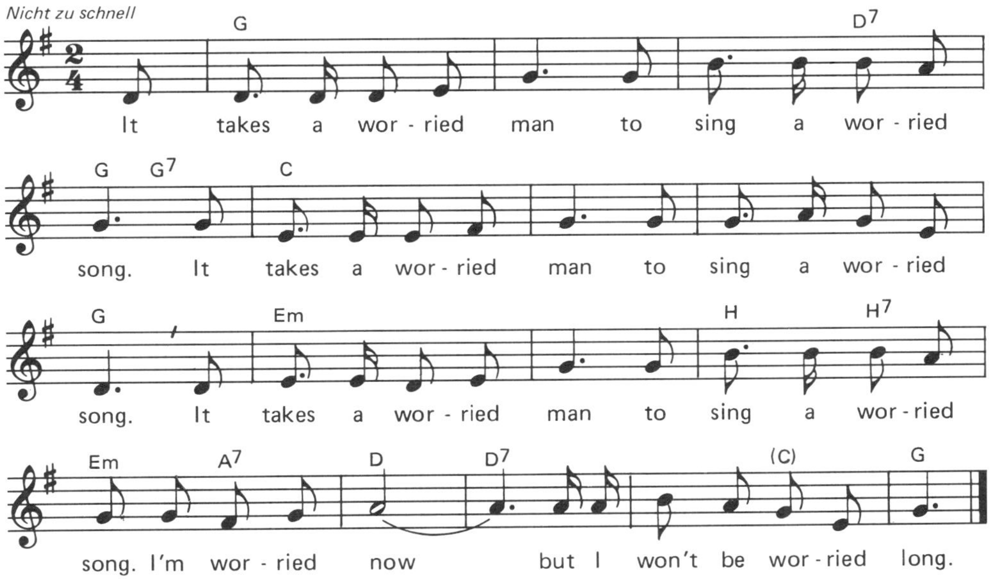

2. I went across the river and I lay down to sleep (3x),
   When I woke up, there were shackles on my feet.
3. Twenty-nine links of chain around my leg (3x),
   And on each link the initial of my name.
4. I asked the judge what might be my fine (3x),
   Twenty-one years on the R. C. Mountain Line.
5. Twenty-one years to pay my awful crime (3x),
   Twenty-one years – but I got ninety-nine.
6. This train that I ride, is sixteen coaches long (3x),
   The girl that I love is on that train and gone.
7. I looked down the track as far as I could see (3x),
   Little bitty hand was waving after me.
8. If anyone should ask you who composed this song (3x),
   Just say it was I, I sing it all day long.

T und M: aus den Südstaaten der USA

Das Lied schwarzer Gefangener entstand aus einem alten Blues und belegt die spätere Vermischung zwischen Blues und Folk.

Backwater Blues

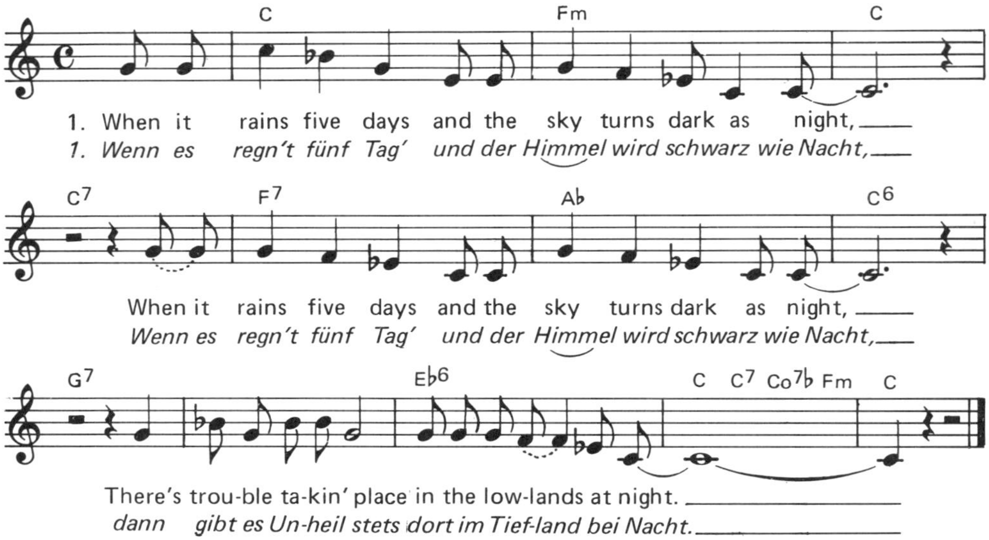

2. |: I woke up this mornin', can't even get out my door, :|
There's enough trouble to make a poor girl wonder where she wants to go.
3. |: Backwater blues done caused me to pack my things an' go, :|
'Cause my house fell down an' I can't live there no mo'.
4. |: They rowed a little boat about five miles 'cross the pond, :|
I packed all my things, throwed 'em in, an' they rowed me along.
5. |: When it thunders an' lightnin's an' the wind begins to blow, :|
There's thousands of people ain't got no place to go.

2. |: Ich erwacht' heut morgen und bracht' die Tür nicht auf, :|
da war ich schon verzagt: Wo werd' ich denn hingehn?
3. |: Und der Hochwasser-Blues sagt' mir: Pack ein und geh fort! :|
Mein Haus fiel ein und ich kann dort nicht mehr leben.
4. |: Fünf Meilen weit rudern sie einen Kahn heran. :|
Ich warf alles hinein und sie ruderten mich fort.
5. |: Wenn es blitzt und donnert und der Wind, der heult so sehr, :|
wissen Tausende nicht mehr, wo für sie ein Platz ist.

(gekürzt)

T und M: Huddie Ledbetter (auch Leadbelly genannt)
Deutscher Text: Franz Möckl

Sicher einer der ältesten Blues. Seit ihn die „Königin" des Blues, Bessie Smith (1895?–1937), gesungen hat, gehört er zum Repertoire aller berühmten Bluesinterpreten.

Good morning, Blues

2. I lay down last night, turning from side to side,
Yes, I was turning from side to side.
I was not sick, I was just dissatisfied.

3. I got up this morning, blues walkin' 'round my bed,
Up this morning, blues walkin' 'round my bed.
Went to eat my breakfast, blues was all in my bread.

4. I sent for you yesterday, here you come a-walkin' today,
Sent for you yesterday, here you come a-rackin' today.
You got your mouth wide open – you don't know what to say.

T und M: Huddie Ledbetter (auch Leadbelly genannt)

Ein gutes Beispiel für die spielerisch-ausdruckshafte Verwendung der „blue notes" (Terz es/e).

Danke für diesen guten Morgen

4. Danke für manche Traurigkeiten, / danke für jedes gute Wort. / Danke, daß deine Hand mich leiten / will an jedem Ort.

5. Danke, daß ich dein Wort verstehe, / danke, daß deinen Geist du gibst. / Danke, daß in der Fern' und Nähe / du die Menschen liebst.

6. Danke, dein Heil kennt keine Schranken, / danke, ich halt mich fest daran. / Danke, ach Herr, ich will dir danken, / daß ich danken kann.

T und M: Martin Gotthard Schneider
Aus: Neue Kinderlieder. BE 807. Gustav Bosse Verlag, Regensburg

Danket dem Herrn

Kanon

T und M: mündlich überliefert

Alle gute Gabe

T: Matthias Claudius
M: überliefert
S: Franz Möckl

Segne, Vater, diese Gaben

Kanon

T und M: mündlich überliefert

Viel Glück und viel Segen

Kanon

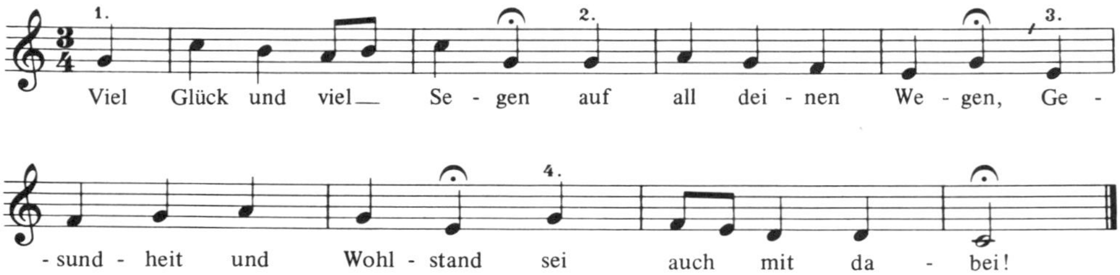

T und M: Werner Gneist
Aus: W. Gneist, Kleines Liederbuch. Bärenreiter-Verlag, Kassel und Basel

Lebe wohl

Kanon

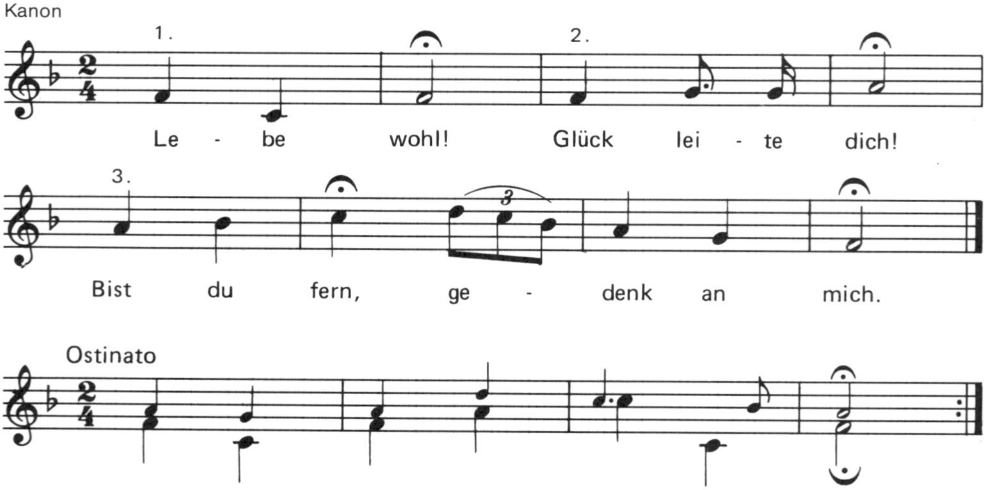

T: Fritz Jöde
M: aus England
Aus: F. Jöde, Der Kanon. Möseler Verlag, Wolfenbüttel und Zürich
Ostinato: Karl Haus/Franz Möckl

Happy birthday to you

T und M: aus England

Gott hat alles recht gemacht

T und M: aus Tirol

Aus dem Wiederholungsteil dieses Volkslieds wurde ein Jodler.

Lieder von Liebe und Abschied

Chume, chum, geselle min

2. Suzer rosenvarwer munt, chum un mache mich gesunt.

*) statt b auch h (lydisch)

T: aus der Benediktbeurer Handschrift „Carmina burana" (13. Jahrhundert)
M: Adam de la Hale

2. Suzer rosenvarwer munt, cum un mache mich gesunt!
2. Süßer, rosenfarbner Mund, komm und mache mich gesund!

T: siehe oben
M: Carl Orff
Aus: C. Orff, Carmina burana. Verlag B. Schott's Söhne, Mainz

Innsbruck, ich muß dich lassen

2. Groß Leid muß ich jetzt tragen, das ich allein tu klagen dem liebsten Buhlen mein.
Ach Lieb, nun laß mich Armen im Herzen dein erbarmen, daß ich muß dannen sein.
3. Mein Trost ob allen Weiben, dein tu ich ewig bleiben, stet, treu, der Ehren fromm.
Nun muß dich Gott bewahren, in aller Tugend sparen, bis daß ich wiederkomm.

T: anonym
M: überliefert in einem Chorsatz von Heinrich Isaac
Aus: Georg Forster, Frische teutsche Liedlein, Bd. 1. Nürnberg 1539

Der Text wird Kaiser Maximilian I. zugeschrieben, der Innsbruck als Aufenthaltsort bevorzugte und nur ungern in Wien residierte. Nachweislich 1497 wurde Heinrich Isaac Hofkomponist in Wien und schrieb zu der überlieferten Weise mehrere Chorsätze, darunter die berühmte Fassung mit dem Cantus firmus (Melodie) im Sopran, eines der frühesten Beispiele für das mehrstimmig homophon gesetzte deutsche Lied. Die Melodie wurde später durch Unterlegung anderer Texte mehrfach abgewandelt. Die bekanntesten Kontrafakturen (vgl. S. 56) sind „O Welt, ich muß dich lassen", „In allen meinen Taten", „Nun ruhen alle Wälder", die in den meisten Kirchengesangbüchern enthalten sind.

Es saß ein klein wild Vögelein

2. O sing mir noch, o sing mir noch, du kleines wildes Vöglein! Ich will um deine Federchen dir Gold und Seide winden.
3. Behalt dein Gold und deine Seid', ich will dir nimmer singen. Ich bin ein klein wild Vögelein, und niemand kann mich zwingen.

T und M: aus Siebenbürgen
S: Karl Haus

All mein Gedanken

T und M: aus dem Lochamer Liederbuch (siehe Abb. S. 115)

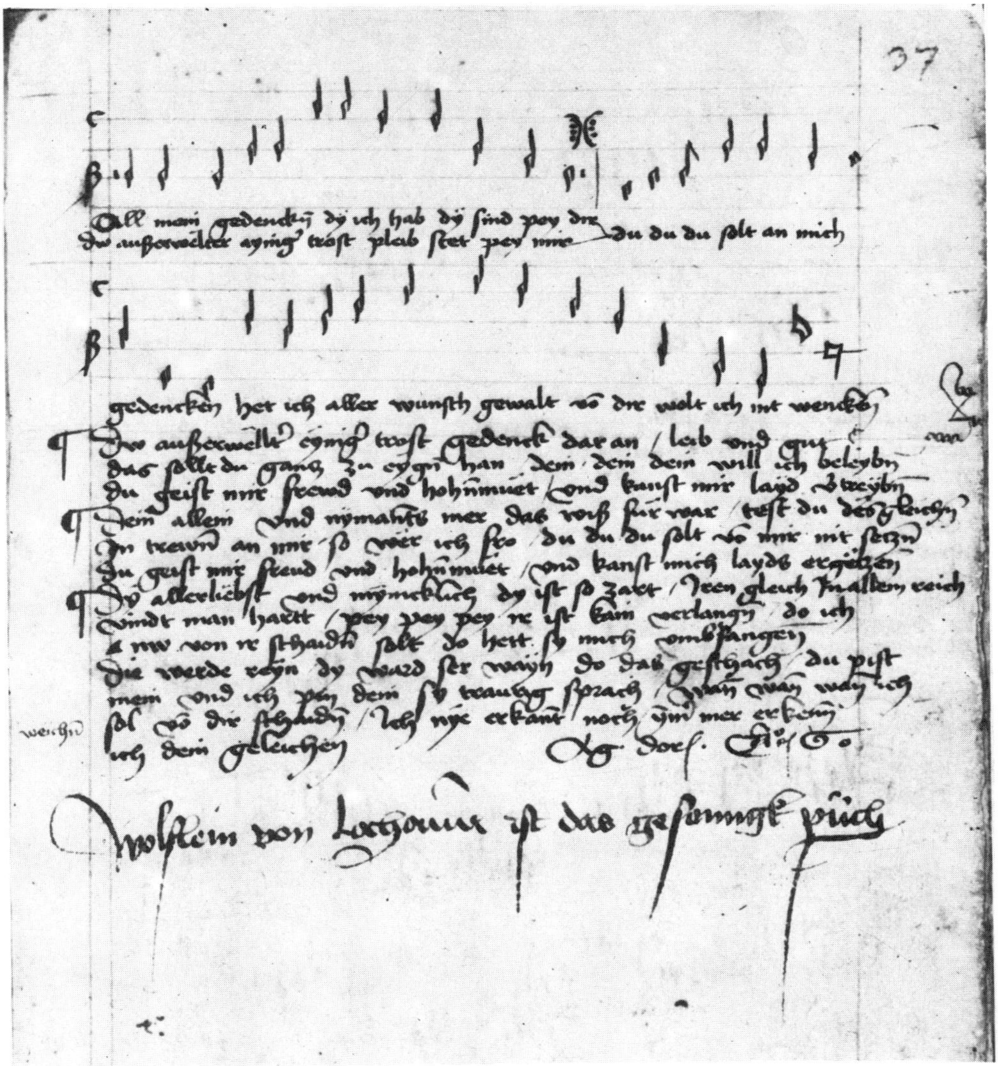

Eine Seite aus dem Lochamer Liederbuch: „All mein Gedanken"

Das Lochamer Liederbuch ist die Hauptquelle für die Beschäftigung mit der bürgerlichen Liedkunst des 15. Jahrhunderts in Deutschland. Es enthält 42 deutsche Lieder, davon 31 einstimmige, 2 zweistimmige, 6 dreistimmige, 1 ein- und dreistimmiges, 2 ohne Noten, ferner 3 einstimmige lateinische geistliche Kontrafakturen (siehe S. 56). Um 1500 war Wolflein von Lochamer der Besitzer der Sammlung.

Konrad Ameln schrieb 1925 über die Sammlung:
„Über die Herkunft ... läßt sich vorläufig sagen, daß sie von verschiedenen Händen geschrieben in den Jahren 1455–1460 in oder bei Nürnberg entstanden ist. Es handelt sich wahrscheinlich um das Liederstammbuch einer Dame, welche Barbara hieß."

Dort nied'n in jenem Holze

2. Dort nied'n in jenem Grunde schwemmt sich ein Hirschlein fein.
I: Was führts in seinem Munde? :I Von Gold ein Ringelein.

3. Hätt ich des Goldes ein Stücke zu einem Ringelein,
I: meinem Buhlen wollt ichs schicken :I zu einem Goldfingerlein.

4. Was schickt sie mir denn wieder? Von Perlen ein Kränzelein.
I: „Sieh da, du feiner Ritter, :I darbei gedenk du mein!"

T: aus dem Frankfurter Liederbuch, 1582
M: aus Schlesien, vor 1841

Wahre Freundschaft

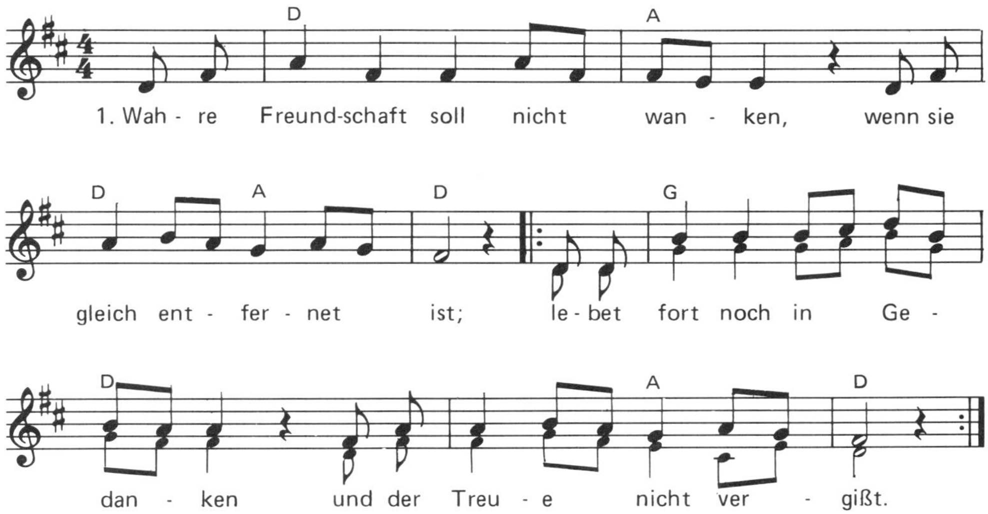

2. Keine Ader soll mir schlagen, wo ich nicht an dich gedacht;
   I: ich will für dich Sorge tragen bis zur späten Mitternacht. :I
3. Wenn der Mühlstein trägt die Reben und daraus fließt kühler Wein,
   I: wenn der Tod mir nimmt das Leben, hör ich auf, getreu zu sein. :I

T und M: aus Franken

Fein sein, beinander bleibn

2. I: Gscheit sein, nit einitappn! :I Es steckt oft der Fuchs in der Zipflkappen. Gscheit sein . . .
3. I: Treu sein, nit außigrasn! :I Denn d'Liab is so zart wia a Soafnblasn. Treu sein . . .
4. I: Frisch sein, nit ummermockn! :I Und geht a dei Häusl und d'Liab in Brockn. Frisch sein . . .

T und M: aus dem Alpenland

Und in dem Schneegebirge

2. Ich hab' daraus getrunken wohl manchen frischen Trunk.
   |: Ich bin nicht alt geworden, :| ich bin noch allzeit jung.

3. „Ade, mein Schatz, ich scheide, ade mein Schätzelein!"
   |: „Wann kommst du aber wieder, :| Herzallerliebster mein?"

4. „Wenns schneiet rote Rosen und regnet kühlen Wein.
   |: Ade, mein Schatz, ich scheide, :| ade, mein Schätzelein!"

5. „Es schneit ja keine Rosen und regnet keinen Wein:
   |: So kommst du auch nicht wieder, :| Herzallerliebster mein!"

Dazu Instr. ad lib. (Takt 1-4 auch als Vor- und Zwischenspiel)

T und M: aus Schlesien
S: Karl Haus

Ade zur guten Nacht

2. Es trauern Berg und Tal, wo ich vieltausendmal bin drüber gangen;
I: das hat deine Schönheit gemacht, hat mich zum Lieben gebracht mit großem Verlangen. :I

3. Das Brünnlein rinnt und rauscht wohl unterm Holderstrauch, wo wir gesessen;
I: wie manchen Glockenschlag, da Herz bei Herzen lag, das hast vergessen. :I

T und M: aus Deutschland (19. Jahrhundert)

Wenn alle Brünnlein fließen

2. Ja winken mit den Äugelein und treten auf den Fuß:
   s'ist eine in der Stube drin, die meine werden muß.
3. Warum sollt sie's nicht werden, ich hab sie ja so gern;
   sie hat zwei blaue Äugelein, die leuchten wie zwei Stern.
4. Sie hat zwei rote Wängelein, sind röter als der Wein;
   ein solches Mädel findst du nicht wohl unterm Sonnenschein.

T und M: aus Schwaben

Es wollt ein Jägerlein jagen

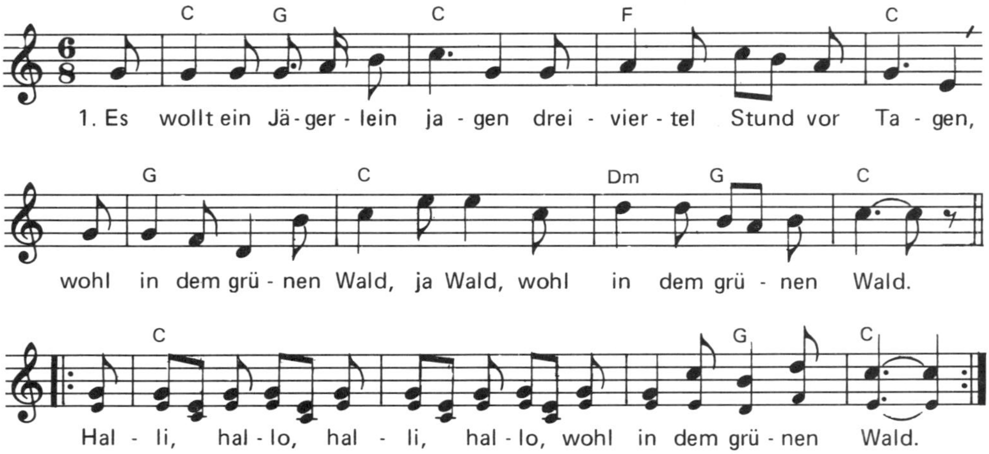

2. Da traf er auf der Heide sein Lieb im weißen Kleide,
sie war so wunderschön, ja schön, sie war so wunderschön.
Halli, hallo . . . sie war so wunderschön.

3. Will zum Altar dich führen, ein Kränzlein soll dich zieren.
und dann ein Häublein fein, ja fein, und dann ein Häublein fein.
Halli, hallo . . . und dann ein Häublein fein.

T und M: volkstümlich

Der Text verwendet symbolhafte Ausdrücke:
im weißen Kleide: Symbol für die Unschuld
Kränzlein: der Myrtenkranz der Braut
Häublein: die Kopfbedeckung der verheirateten Frau

In the dark of the winter

Im Dunkel des Winters

1. Im Dunkel des Winters, wenn eisig die Flur,
kein Grünen und Blühen belebt die Natur,
manch' trüber Gedanke das Herz uns beschwert:
St. Valentinstag uns viel Freude beschert.

2. Die Herzen und Bänder und Vögel im Flug;
die Borten und Rosen sind noch nicht genug:
Die Liebe im Herzen, die Großes vermag,
ist sicher das Schönste am Valentinstag!

T und M: aus England und den USA
Deutscher Text: Karl Iblacker
Aus: Lied & Song. Hrsg. vom Verband Bayerischer Schulmusikerzieher. Verlag Max Hieber, München

[1]) Valentinstag: 14. Februar

Should auld acquaintance

Faut-il nous quitter · Nehmt Abschied, Brüder

2. *Es ist in jedem Anbeginn das Ende nicht mehr weit,*
wir kommen her und gehen hin, und mit uns geht die Zeit.
Der Himmel wölbt sich . . .

3. *Nehmt Abschied, Brüder, schließt den Kreis! Das Leben ist ein Spiel;*
und wer es recht zu spielen weiß, gelangt ans große Ziel.
Der Himmel wölbt sich . . .

T und M: aus Schottland
Deutscher Text: Claus Ludwig Laue
Aus: Laute, schlag an. Hrsg. von der Bundesleitung der Deutschen Pfadfinderschaft Sankt Georg. Georgs-Verlag, Düsseldorf.
S: Karl Haus/Franz Möckl

Am Brunnen vor dem Tore

2. Ich mußt auch heute wandern vorbei in tiefer Nacht,
da hab ich noch im Dunkel die Augen zugemacht;
und seine Zweige rauschten, als riefen sie mir zu:
Komm her zu mir, Geselle, hier findst du deine Ruh.

3. Die kalten Winde bliesen mir grad ins Angesicht,
der Hut flog mir vom Kopfe, ich wendete mich nicht.
Nun bin ich manche Stunde entfernt von jenem Ort,
und immer hör ich's rauschen: Du fändest Ruhe dort.

T: Wilhelm Müller
M: Franz Schubert, bearbeitet von Friedrich Silcher

Das von Franz Schubert für Sologesang mit Klavierbegleitung komponierte Kunstlied „Der Lindenbaum" aus dem Zyklus „Winterreise" wurde von Friedrich Silcher in der Melodie so gefaßt, daß die ursprünglich drei variierten Strophen in eine Strophenliedform gebracht wurden, so daß die Möglichkeit zur Verbreitung als „Volkslied" gegeben war.

Es dunkelt schon in der Heide

2. Ich hörte die Sichel rauschen, sie rauschte durch das Korn,
   |: ich hört mein Feinslieb klagen, sie hätt ihr Lieb verlorn. :|
3. Hast du dein Lieb verloren, so hab ich noch das mein:
   |: So wollen wir beide mitnander uns winden ein Kränzelein. :|
4. Ein Kränzelein von Rosen, ein Sträußelein von Klee;
   |: zu Frankfurt an der Brücke, da liegt ein tiefer Schnee. :|
5. Der Schnee, der ist zerschmolzen, das Wasser läuft dahin,
   |: kommst du mir aus den Augen, kommst mir nicht aus dem Sinn. :|
6. In meines Vaters Garten, da stehn zwei Bäumelein;
   |: das eine, das trägt Muskaten, das andre Braunnägelein. :|
7. Muskaten, die sind süße, Braunnägelein sind schön;
   |: wir beide müssen uns scheiden, ja scheiden, das tut weh. :|

T und M: aus Ostpreußen

Horch, was kommt von draußen rein

2. Leute haben's oft gesagt, hollahi, hollaho, was ich für Feinsliebchen hab, hollahiaho!
Laß sie reden, schweig fein still, hollahi, hollaho, kann ja lieben, wenn ich will, hollahiaho!

3. Wenn mein Liebchen Hochzeit hat, hollahi, hollaho, ist für mich ein Trauertag, hollahiaho!
Geh ich in mein Kämmerlein, hollahi, hollaho, trage meinen Schmerz allein, hollahiaho!

4. Wenn ich dann gestorben bin, hollahi, hollaho, trägt man mich zum Grabe hin, hollahiaho!
Setzt mir keinen Leichenstein, hollahi, hollaho, pflanzt mir drauf Vergißnichtmein, hollahiaho!

T und M: aus Schwaben

Muß i denn

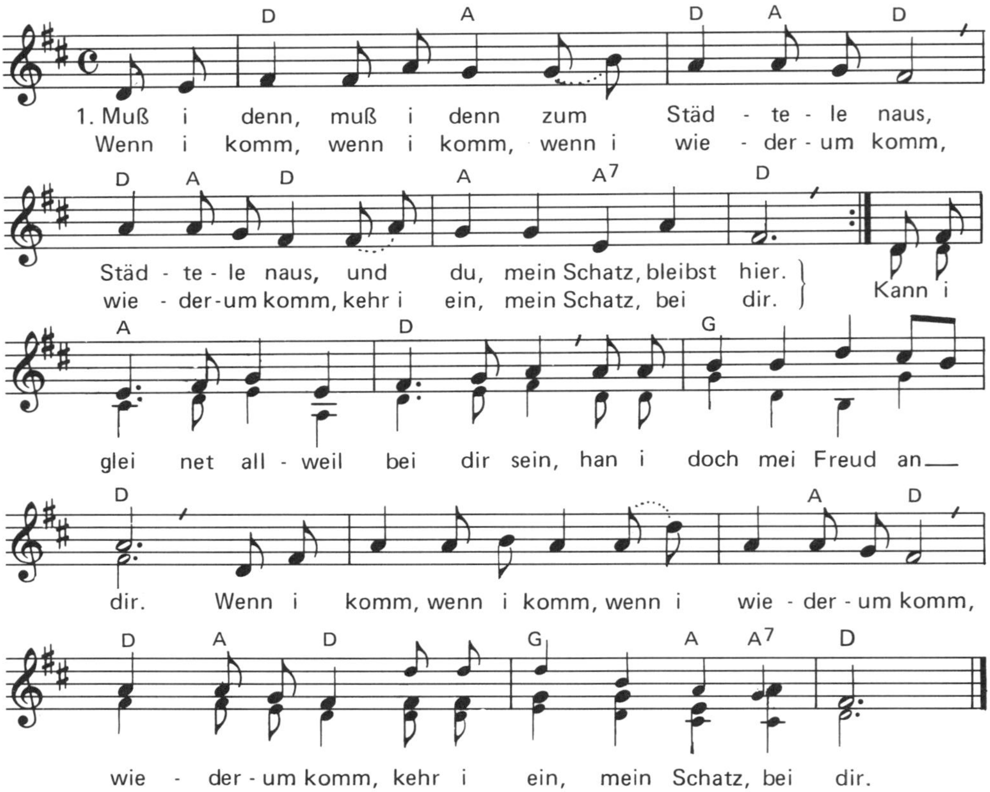

2. Wie du weinst, wie du weinst, daß i wandere muß,
wandere muß, wie wenn d'Lieb jetzt wär vorbei;
sind au drauß, sind au drauß der Mädele viel,
Mädele viel, lieber Schatz, i bleib dir treu.
Denk du net, wenn i ein andre seh,
no sei mein Lieb vorbei. Sind au drauß . . .

3. Übers Jahr, übers Jahr, wenn me Träubele schneidt,
Träubele schneidt, stell i hier mi wiedrum ein;
bin i dann, bin i dann dein Schätzele noch,
Schätzele noch, so soll die Hochzeit sein.
Übers Jahr da ist mein Zeit vorbei,
da ghör i mein und dein. Bin i dann . . .

T (1. Strophe) und M: aus Schwaben
T (2. und 3. Strophe): Heinrich Wagner, Schüler und Freund Ludwig Uhlands
S: Franz Möckl

Trois jeun's tambours

Drei junge Tambours

2. Le plus jeune a dans sa bouche une rose, :I
Et ri et ran, ran ta ta plan,
a dans sa bouche une rose.
3. La fille du Roi était à sa fenêtre . . .
4. Joli tambour, donne-moi, va, ta rose . . .
5. Fille du Roi, donne-moi, va, ton coeure . . .
6. Joli tambour, demand' le à mon père . . .
7. Sire le Roi, donnez-moi votre fille . . .
8. Joli tambour, tu n'es pas assez rîche . . .
9. J'ai trois vaisseaux dessus la mer jolie . . .
10. L'un chargé d'or, l'autre d'argenterie . . .
11. Et le troisièm' pour promener ma mie . . .
12. Joli tambour, tu auras donc ma fille . . .
13. Sire le Roi, je vous en remercie . . .
14. Dans mon pays, y en a de plus jolies . . .

2. Der jüngste hatt' in seinem Mund 'ne Rose, :I
ri und ran, ran ta ta plan,
in seinem Mund 'ne Rose.
3. Des Königs Kind, es sah aus seinem Fenster . . .
4. Hübscher Tambour, geh, schenk mir deine Rose . . .
5. Gib mir dafür dein Herze, schön' Prinzessin . . .
6. Hübscher Tambour, da frag erst meinen Vater . . .
7. König und Herr! Gebt Ihr mir Eure Tochter . . .
8. Hübscher Tambour, du bist nicht reich genug . . .
9. Draußen am Meer hab ich drei schöne Schiffe . . .
10. Eins ist voll Gold, das andre voll mit Silber . . .
11. Das dritte Schiff spazieren fährt die Meine . . .
12. Hübscher Tambour, du kannst die Tochter haben . . .
13. König und Herr, da will ich mich bedanken . . .
14. In meinem Land, da gibt's viel schön're Mädchen . . .

Begleitrhythmus 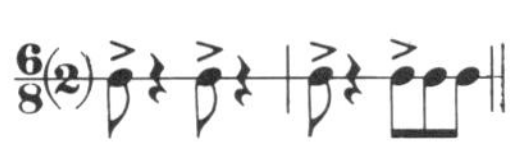

T und M: aus Frankreich · Deutscher Text: Franz Möckl

Au clair de la lune

2. Au clair de la lune Pierrot répondit: «Je n'ai pas de plume; je suis dans mon lit. Va chez la voisine, je crois qu'elle y est, car dans sa cuisine on bat le briquet.»
3. Au clair de la lune Pierrot se rendort. Il rêve à la lune, son cœur bat bien fort, car toujours si bonne pour l'enfant tout blanc, la lune lui donne son croissant d'argent.

Übersetzung:

1. Bei des Mondes Scheine, mein Freund Pierrot, leih' mir deine Feder, um ein Wort zu schreiben. Meine Kerze ist erloschen, ich habe kein Feuer mehr; öffne mir ohne Argwohn deine Tür!
2. Bei des Mondes Scheine antwortet Pierrot: „Ich habe keine Feder, ich liege schon im Bett. Geh zur Nachbarin, ich glaube, sie ist zu Hause, denn in ihrer Küche brennt noch das Feuer."
3. Bei des Mondes Scheine schläft Pierrot wieder ein. Er träumt vom Mond, sein Herz schlägt rasch, und die silberne Sichel des Mondes taucht das weiße Gesicht des Kindes in ein mildes Licht.

(Kurt Suttner)

T und M: aus Frankreich
Aus: Lied & Song. Hrsg. vom Verband Bayerischer Schulmusikerzieher. Verlag Max Hieber, München

Eines der verbreitetsten französischen Lieder auf eine überlieferte Melodie aus dem 18. Jahrhundert, die auch Jean Baptiste Lully (1632–1686) zugeschrieben wird.

Santa Lucia

2. Con questo zeffiro così soave
oh! com' è bello star su la nave!
I: Su passaggieri, venite via!
Santa Lucia! Santa Lucia! :I

3. O dolce Napoli, o suol beato,
ove sorridere volle il creato,
I: Tu sei l'impero dell' armonia!
Santa Lucia! Santa Lucia! :I

Aussprache:		
	Lucia = Lutschia	all'agile = aladschile
	luccica = lutschika	barchetta = barketta
	d'argento = dardschento	passaggieri = passadscheri
	placida = platschida	dolce = doltsche

Übersetzung:

1. Auf dem Meer glitzert der silberne Stern, ruhig ist die Welle, günstig der Wind. Kommt auf mein wendiges Boot! Santa Lucia!
2. Bei diesem milden Zephir, wie schön ist es da auf dem Schiff zu sein! Rasch, Passagiere, steigt ein! Santa Lucia!
3. O schönes Neapel, o begnadetes Land, wo die Schöpfung lächelt. Du bist das Reich der Harmonie! Santa Lucia!

(Renate Navé)

T und M: aus Italien (Neapel) um 1850
Aus: G. Buchner, Frei wie der Wind. Franz Schneider Verlag, München–Wien

Tic e tic e toc

2. Tic ... quanto sei caro, ti sovvien del giorno amaro, che da me t'allontanò. Tralelalera ...
3. Tic ... ascolta bene, cesseranno le mie pene, quando al sen ti stringerò. Tralelalera ...

1.-3. Tic e tic e toc, mein Allerliebster,
1. tic e tic e toc, mein Herz, das sagt mir,
no no no no no, es kann nicht wahr sein,
daß du weggegangen bist.

2. ... bin krank vor Kummer,
no no no no no, nicht länger trag ich's,
fern zu sein so weit von dir.

3. ... du sollst mich hören,
si si si si si, mein Schmerz wird schwinden,
wenn du wieder bei mir bist.

T und M: aus Italien
Deutscher Text: Ingrid Adam

Tres hojitas · *Drei Blättchen*

2. Dábales el aire,
meneábanse,
dábales el aire,
jaleábanse,
jaleábanse,
jaleábanse,
Inés ...

2. Blas ich, wiegen sie sich
hin und her im Wind,
munter treiben sie
hinauf, hinab geschwind,
sie hinab geschwind,
sie hinab geschwind,
Inés ...

3. Arbolito verde
secó la rama
debajo del puente
retumba el agua,
retumba el agua,
retumba el agua,
Inés ...

3. Bäumchen grün,
vertrocknet ist dein Zweig und leer,
doch dort an der Brücke
rauscht das Wasser sehr,
rauscht das Wasser sehr,
rauscht das Wasser sehr,
Inés ...

Aussprache: siehe S. 134

T und M: aus Spanien · Deutscher Text und S: Karl Haus
Aus: K. Haus, Reicht die Hände euch geschwind. Verlag B. Schott's Söhne, Mainz

Cielito Lindo[1] · *Von der Sierra Morena*

[1]) wörtlich: (mein) hübsches Himmelchen

T und M: aus Spanien
Deutscher Text: Monika Pietsch
S: Franz Möckl

Aussprache:
Doppelvokale einzeln, aber verbunden sprechen: Si-erra, Ci-elito ...
s = stimmlos; r/rr = gerolltes Zungen-r; c, z vor i, e = wie stimmloses engl. th;
j = Gaumen-ch; c vor a, o, u = k; ll = lj; qu = k; ch = tsch; h = stets stumm; v = w; y = i

La cucaracha

Eine kleine Cucaracha

2. Todas las muchachas tienen
en los ojos dos estrellas,
pero las mejicanitas
de seguro son más bellas.

2. Mancher Blick aus Mädchenaugen
mag den Männern wohl gefallen,
und aus Mexiko die Frauen
sind die schönsten doch von allen.

Rumba-Rhythmus

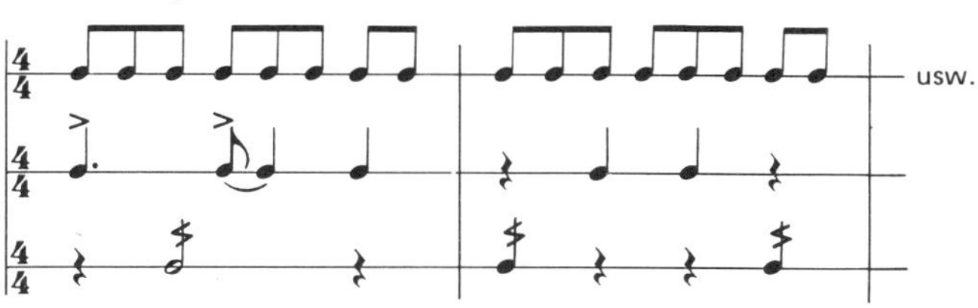

T und M: aus Mexiko
Deutscher Text:
Monika Pietsch
Fassung: Franz Möckl

Aussprache:
dijoauna = dichauna
siehe auch S. 134

1) Küchenschabe, auch Spottname für Dienstmädchen, Küchenhilfe

Adiós mi chaparrita

Adieu, mein kleines Mädchen

2. Adiós . . .volverá.
Y cuando vuelva Pancho,
al rancho su ranchero;
a su mejor amiga
vestidos de percal.
Ay que caray.

2. Adieu, mein . . . zurück.
Wenn ich dann wieder komme,
und bist du treu geblieben,
dann können wir uns lieben,
so lange, wie du willst.
Ay que caray.

T und M: aus Mexiko
Deutscher Text: Helmut König
Voggenreiter Verlag, Bonn-Bad Godesberg

Aussprache: siehe S. 134

Greensleeves

2. Und wenn du gleich mich so veracht'st,
mein Herz noch mehr entbrennt für dich.
Tu was du willst, mein Lieb, du machst
nur stärker, was mich bind't an dich.

3. O weh, mein Lieb, das Herze dein
steht nur nach eitel Nichtigkeit.
Nichts anders denk ich als allein
an deine Unaufrichtigkeit.

4. Feinslieb in Grün, gehab dich wohl!
Gott schütze, Gott behüte dich.
Noch lieb ich dich, treu, ohne Groll –
Komm wieder, Lieb, und liebe mich!

2. If you intend thus to disdain,
It does the more enrapture me,
And even so, I still remain
A lover in captivity.

3. Alas, my love, that you should own
A heart of wanton vanity,
So must I meditate alone
Upon your insincerity.

4. Ah, Greensleeves, now farewell, adieu,
To God I pray to prosper thee,
For I am still thy lover true,
Come once again and love me!

T und M: aus England (16. Jahrhundert)
Deutscher Text: Siegfried Spring
Aus: B. Binkowski/A. Scheytt, Unser Liederbuch Musik um uns, Ausgabe Bayern.
Metzlersche Verlagsbuchhandlung, Stuttgart

I come from Alabama

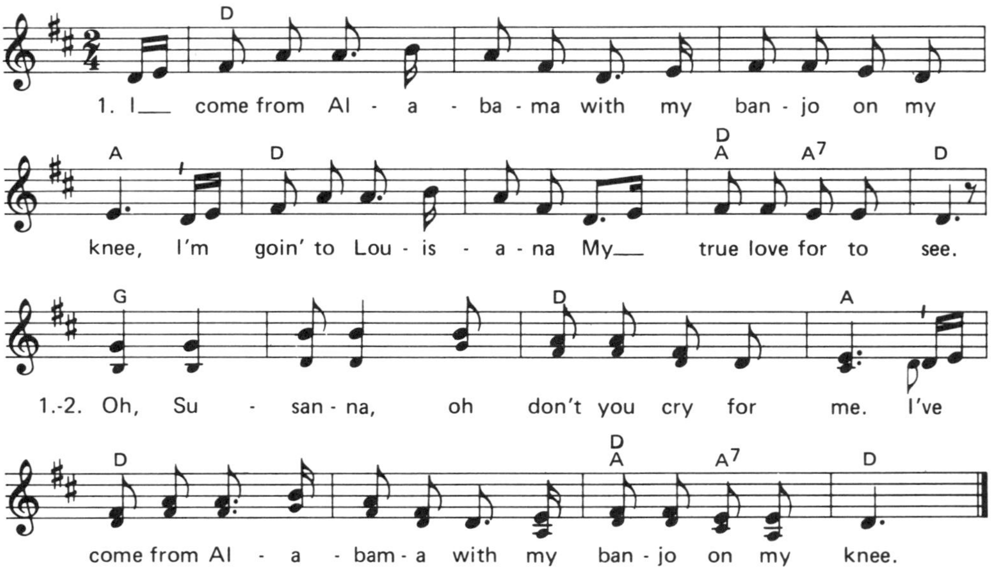

2. It rained all night the day I left, the weather it was dry;
The sun so hot I froz to death, Susanna, don't you cry.

T und M: Stephen Collins Foster

Vgl. Anmerkung Seite 143 oben

Tanzvorschlag
vgl. „Skip to my Lou", S. 220

Yankee Doodle

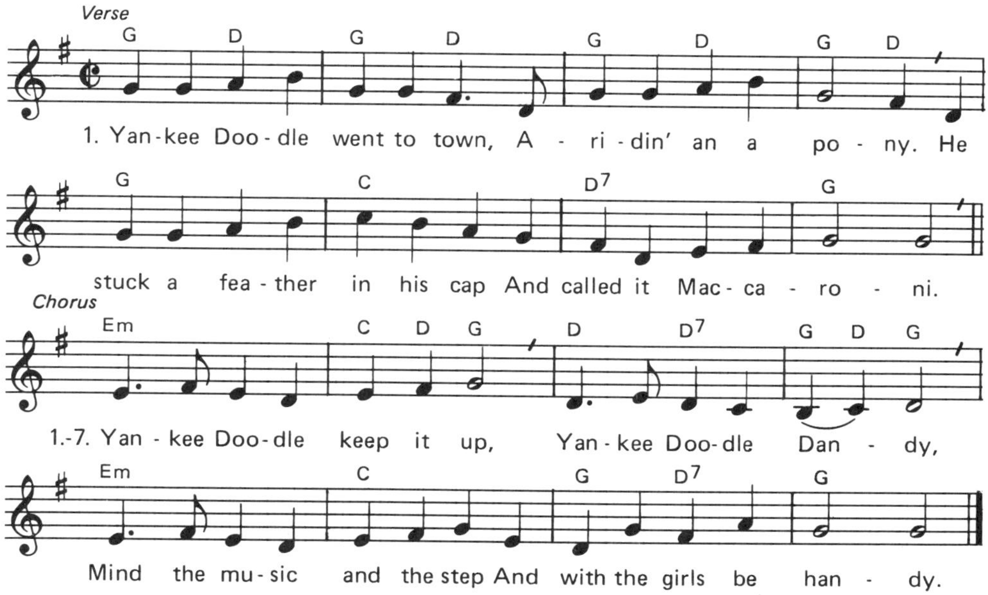

2. Father and I went down to camp, along with Captain Gooding,
   And there we saw the men and boys as thick as hasty pudding.
3. There was Captain Washington upon a slapping stallion,
   A-giving orders to his men, I guess it was a million.
4. Then we saw a giant gun, large as a log of maple,
   Upon a deuced little cart, a load for father's cattle.
5. Every time they shoot it off, it takes a horn of powder,
   It makes a noise like father's gun, only a notion louder.
6. I can't tell you half I see, they kept up such a smother,
   So I took my hat off, made a bow and scampered home to mother.
7. Yankee Doodle is the tune, Americans delight in,
   'T will do whistle, sing or play, and just the thing for fightin'.

T und M: aus den USA

Das Wort „Yankee" ist wohl eine indianische Verballhornung von „Anglais" oder „English", „doodle" bedeutet „Tölpel".
Die Melodie des Liedes wurde bereits im Unabhängigkeitskrieg der Neuenglandstaaten 1775–1783 als Trio eines Marsches verwendet. Nach der Schlacht bei Yorktown 1781 wurde der Marsch gespielt, als George Washington die geschlagene britische Armee an sich vorbeiziehen ließ.

Loch Lomond[1)]

2. I mind where we parted in yon shady glan
on the steep steep side on Ben Lomond.
Where in deep purple hue the Hieland hills we view,
and the moon comin' out in the gloamin'.
Oh ye'll tak' . . .

3. The wee birdies sing and the wild flowers spring
and in sunshine the waters are sleeping.
But the broken heart will ken nae second spring again
to the waeful' may cease frae their greeting.
Oh ye'll tak' . . .

2. Ich fuhr übers Meer, denn ich liebte das Meer,
doch mein Herz blieb zurück am Loch Lomond.
Ich fuhr übers Meer, doch mein Traum war Wiederkehr
und der Sonne, Sonne Glanz am Loch Lomond. Ich kenne . . .

3. Dann kam ich zurück und dann fand ich mein Glück,
und mein Traum wurde wahr am Loch Lomond:
Ich kam wie ein Nachtwind nach Schottland bald zurück,
und der Nachtwind wurde Tag am Loch Lomond. Ich kenne . . .

1) größter See Schottlands

T und M: aus Schottland
Deutscher Text: Claus Ludwig Laue
Aus: Laute, schlag an. Hrsg. von der Bundesleitung der Deutschen Pfadfinderschaft Sankt Georg. Georgs-Verlag, Düsseldorf

Way down upon the Swanee River

2. All round the little farm I wandered, when I was young.
Then many happy days I squandered, many the songs I sung.
When I was playing with my brother, happy was I.
Oh take me to my kind old mother, there let me live and die.
All the world . . .

3. One little hut among the bushes, one that I love,
still sadly to my mem'ry rushes, no matter where I rove.
When will I see the bees a-humming all round the comb?
When will I hear the banjo strumming down in my good old home?
All the world . . .

Übersetzung:

1. Den Swanee-Fluß hinunter, weit, weit fort,
dorthin wendet sich immerzu mein Herz, dort wohnen meine Leute.
Traurig durchstreife ich die Welt
und sehne mich nach der alten Plantage und meinen Leuten daheim.
Überall ist es traurig und öde, wo ich mich auch herumtreibe.
Oh, meine schwarzen Brüder, wie wird mein Herz mir schwer, fern von meinen Leuten daheim.

2. Auf der kleinen Farm streifte ich überall herum, damals, als ich noch jung war.
Viele glückliche Tage gingen sorglos dahin, wie viele Lieder habe ich gesungen!
Wenn ich mit meinem Bruder spielte, wie glücklich war ich!
Ach, bringt mich zu meiner lieben alten Mutter zurück, dort laßt mich leben und sterben. . . .
Überall . . .

3. An eine einzige kleine Hütte in den Büschen, diese eine, die ich liebe,
erinnere ich mich immer wieder mit Wehmut, wo ich auch umherziehe.
Wann werde ich die Bienen wiedersehen, wie sie um den Bienenkorb herumsummen?
Wann werde ich das Banjo wieder schlagen hören, dort unten in meinem lieben alten Heim?
Überall . . .

(Brigitte Lentze)

T und M: Stephen Collins Foster
Aus: R. R. Klein/H. Weber, Die Welt im Lied, Ausgabe Süd.
Verlag Moritz Diesterweg, Frankfurt am Main–Berlin–München

Von den mehr als 200 Liedern dieses populärsten amerikanischen Komponisten des 19. Jahrhunderts wurden viele Allgemeingut, weil darin ein spezifisch amerikanischer „Volkston" angeschlagen wurde (Folksong).

It's a long way to Tipperary

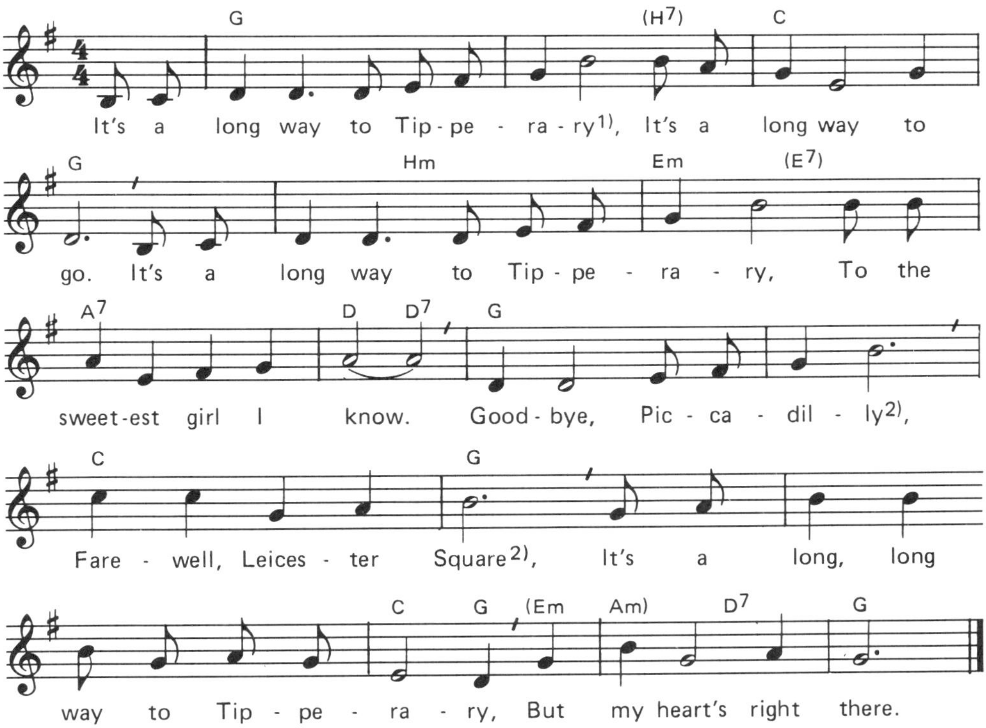

T und M: Jack Judge/Harry Williams
B. Feldman & Co., London
Für Deutschland und Österreich: Anton J. Benjamin GmbH, Hamburg

[1] Provinz und Stadt in der Republik Irland

[2] Plätze in London

There's a yellow rose in Texas

2. Where the Rio Grande is flowing
And the starry skies are bright,
She walks along the river,
In the quiet summer night.
She thinks, if I remember,
When we parted long ago,
I promised to come back again,
And not to leave her so.

3. Oh, now I'm goin' to find her,
For my heart is full of woe,
And we'll sing the song together,
That we sang long ago.
We'll play the banjo gaily
And we'll sing the songs of yore
And the yellow rose of Texas
Shall be mine forevermore.

Übersetzung:

1. Es gibt eine gelbe Rose in Texas, die ich wiedersehen will.
Kein anderer Mann liebt sie, niemand außer mir.
Sie weinte, als ich sie verließ, es brach mir schier das Herz,
und wenn ich sie je wieder finde, werden wir nie mehr auseinandergehen.
Sie ist die lieblichste aller Rosen, die dieser Mann je kennenlernte,
ihre Augen strahlen wie Diamanten, sie glänzen wie der Morgentau.
Du kannst mir von deiner liebsten May vorschwärmen und von Rosa lee singen,
aber die gelbe Rose von Texas übertrifft die Schönen von Tennessee.

2. Dort, wo der Rio Grande fließt und der Sternenhimmel leuchtet,
geht sie am Fluß entlang in der stillen Sommernacht.
Sie fragt sich, ob ich noch daran denke, daß ich ihr – als wir uns vor langer Zeit trennten – versprach, zurückzukommen und sie nicht wieder zu verlassen. Sie ist . . .

3. Ach, ich werde sie jetzt wiedersehen, denn mein Herz ist voll Sehnsucht,
und wir werden das Lied zusammen singen, das wir vor langer Zeit gesungen haben.
Wir werden ausgelassen Banjo spielen und alle die alten Lieder singen.
Und die gelbe Rose von Texas wird für immer mein sein. Sie ist . . .

(Janne und Klaus Weinzierl)

T und M: aus den USA

Home on the range

2. Where the air is so pure, the zephyrs so free,
The breezes so balmy and light,
That I would not exchange my home on the range
For all these cities so bright. Home. . .

3. The red man was pressed from this part of the West,
He's likely no more to return
To the Banks of Red River, where seldom if ever
Their flickering campfires burn. Home. . .

4. How often at night, when the heavens are bright
With the light of the glittering stars,
Have I stood here amazed and asked as I gazed
If their glory exceeds that of ours. Home. . .

5. O, I love these wild flowers in this dear land of ours;
The curlew I love to hear scream;
And I love the white rocks and the antelope flocks
That graze on the mountain-tops green. Home. . .

6. Then I would not exchange my home on the range,
Where the deer and the antelope play.
Where seldom is heard a discouraging word
And the skies are not cloudy all day. Home. . .

Übersetzung:

1. Ach, gebt mir ein Zuhause, wo die Büffel weiden, wo das Rotwild und die Antilope spielen, wo selten man ein entmutigendes Wort hört, und der Himmel nicht den ganzen Tag mit Wolken verhangen ist. Zu Hause, zu Hause in der Weite, wo das Rotwild und die Antilope spielen, wo man selten ein entmutigendes Wort hört, und der Himmel nicht den ganzen Tag mit Wolken verhangen ist.
2. Wo die Luft so rein ist, die Westwinde ungehindert wehen, die Lüfte so mild und leicht sind, daß ich mein Zuhause in dieser Weite nie für alle diese hell erleuchteten großen Städte eintauschen wollte. Zu Hause . . .
3. Der Indianer wurde aus diesem Teil des Westens gewaltsam vertrieben, er wird wahrscheinlich nie mehr an die Ufer des Red River zurückkehren, wo selten – wenn überhaupt – jemals die flackernden Lagerfeuer der Indianer brennen. Zu Hause . . .
4. Wie oft schon bin ich in der Nacht, wenn der Himmel hell erstrahlt vom Licht der funkelnden Sterne, hier gestanden voll Staunen und fragte mich, wie ich hochblickte, ob ihr Glanz den unseren übertrifft. Zu Hause . . .
5. Ach, ich mag diese wilden Blumen in unserem geliebten Land, ich höre den Brachvogel gerne schreien, und ich liebe die weißen Felsen und die Antilopenherden, die auf den grünen Bergkuppen grasen. Zu Hause . . .
6. Deshalb wollte ich mein Zuhause in dieser Weite um nichts eintauschen, hier wo das Rotwild und die Antilope spielt, wo man selten ein entmutigendes Wort hört und der Himmel nicht den ganzen Tag mit Wolken verhangen ist. Zu Hause . . .

(Janne und Klaus Weinzierl)

T und M: aus den USA

Das Lied, über dessen Entstehung Unterschiedliches berichtet wird, zählt zu den schönsten Heimatliedern des amerikanischen Westens. Feststeht, daß es schon 1867 in Texas gesungen wurde.

Old Black Joe

2. Why do I weep when my heart should feel no pain?
Why do I sigh dat my friends come not again?
Grievin' for forms now departed long ago?
I hear deir gentle voices callin' "Ol' Black Joe!"
I'm comin' . . .

3. Where are de hearts once so happy an' so free?
De chillen so dear dat I held upon my knee?
Gone to de shore where my soul has long'd to go.
I hear deir gentle voices callin' "Ol' Black Joe!"
I'm comin' . . .

Übersetzung:

1. Vorbei sind die Tage, als mein Herz noch jung und froh war.
   Meine Freunde von den Baumwollfeldern leben nicht mehr,
   Ich weiß, daß sie von dieser Welt in eine bessere gegangen sind.
   Ich höre ihre sanften Stimmen rufen „Ol' Black Joe!"

   Ich komme, ich komme, denn mein Haupt ist tief gebeugt:
   Ich höre diese sanften Stimmen rufen „Ol' Black Joe!"

2. Warum weine ich, wenn mein Herz nicht von Trauer erfüllt sein sollte?
   Warum seufze ich, daß meine Freunde nicht mehr wieder kommen?
   Voll Trauer um sie, die vor langer Zeit von mir gegangen sind?
   Ich höre ihre sanften Stimmen rufen „Ol' Black Joe!"
   Ich komme . . .

3. Wo sind die Herzen, die einst so glücklich und frei waren?
   Die süßen Kinder, die ich auf meinen Knien hielt?
   Sie sind zu den Ufern gegangen, nach denen sich meine Seele schon lange sehnt.
   Ich höre ihre sanften Stimmen rufen „Ol' Black Joe!"
   Ich komme . . .

(Janne und Klaus Weinzierl)

T und M: aus den USA

Wer kann segeln

2. Ich kann segeln ganz ohne Wind, rudern auch ohne Ruder,
   |: doch mich trennen vom Freunde nicht, ohne daß Tränen rinnen. :|

T und M: aus Norwegen
Deutscher Text: Gerhard Deutschmann
Verlag Anton Böhm & Sohn, Augsburg

Tuoll' on mun kultani

Über den Berg ist mein Liebster gezogen

2. Linnut ne laulavat sorialla suulla,
soriampi kultani ääni on kuulla.
Voi, minun kultani, voi minun lintuni,
kun et tule jo, kun et tule jo.

3. Oi koska näen minä sen ilopäivän,
kultani sivullani astuvan ja käyvän?
Voi minun kultani, voi minun lintuni,
kun et tule jo, kun et tule jo.

2. Hinter dem Salzmeer im goldenen Schlosse
tränkt er dem König die stampfenden Rosse.
Wenn er gedächte . . .

3. Schön wie der Morgen auf waldigen Auen,
strahlt er hervor aus den Rittern und Frauen.
Wenn er gedächte . . .

T und M: aus Finnland
Deutscher Text: Gisela Knebusch
Aus H. P. Gericke u.a., Bruder Singer. Bärenreiter-Verlag, Kassel und Basel

Kalinka

2. Kleine grüne Kiefer, laß dein lautes Rauschen,
   laß doch das Rauschen über mir!
   Aida . . ., laß doch das Rauschen über mir!

3. Ach du schönes Mädchen, du Herzallerliebste,
   hab mich doch lieb, ein wenig nur!
   Aida . . ., hab mich doch lieb, ein wenig nur!

T und M: aus Rußland
Deutscher Text: Brigitte Lentze
S: volkstümlich, notiert von Richard Rudolf Klein
Aus: R.R. Klein/H. Weber, Die Welt im Lied, Ausgabe Süd.
Verlag Moritz Diesterweg, Frankfurt am Main—Berlin—München

Ich Kujawiak

2. Hei, so spiele auf nur kräftig, acht nicht drauf, daß ich nur Knecht bin.
Graue Schafe, braune Pferde! 's ist am schönsten in Kujawien!
La-la-la . . .

T und M: aus Polen
Deutscher Text: Willi Heuser
Aus: R.R. Klein/H. Weber, Die Welt im Lied, Ausgabe Süd.
Verlag Moritz Diesterweg, Frankfurt am Main—Berlin—München

Das Lied steht im Mazurka-Rhythmus. Siehe Anmerkung S. 213

Hej, schnelles Bächlein

T und M: aus Polen
Deutscher Text: Karl Haus/Franz Möckl
Aus: K. Haus/F. Möckl, Lieder der Welt. Verlag B. Schott's Söhne, Mainz

Xekina mja psaropula

Kleiner Fischer

Begleitrhythmus:

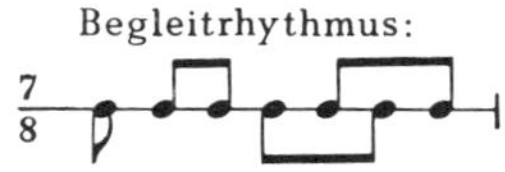

2. Echi mesa pallikarja ap' to jalo, ap' to jalo,
   Echi mesa pallikarja pu untane ja sfugarja, juses kjeomorfa
   koralljа ap' to jalo, jalo.

2. *Sitzen bei dir junge Burschen, draußen am Meer, draußen am Meer.*
   Sitzen bei dir junge Burschen, tauchen in das klare Wasser,
   bringen Muscheln und Korallen aus dem tiefen Meer,
   aus dem tiefen Meer.

T und M: aus Griechenland
Deutscher Text: Cesar Bresgen
Aus: C. Bresgen, Europäische Volks- und Kinderlieder in leichten Chorsätzen mit Instrumenten, Bd. II (Bausteine 178). Verlag B. Schott's Söhne, Mainz

Tanzvorschlag wie bei „Vier Segel sah ich", S. 212

Pera stus pera kampus

Dort hinter jenen Feldern

2. Pa-o k'egho kaimenos (3 x) jia na liturjitho,
na kano to stavro mu (3 x), kje na prosevchitho.

3. Sto perivoli beno (3 x), kje vlepo mja milja,
me mila fortomeni (3 x), kj'apa mja kopelja.

4. Tis leo: Ela kato (3 x), na chtisume folja.
Ma 'kini kovi mila (3 x), kje me petrovola.

2. Ich höre dort die Messe (3 x) und bete still und fromm.
Was mach ich schöner Bursche, (3 x) wenn ich zum Kloster komm?

3. Es steht ein Baum in Garten, (3 x) der seltne Frucht mir bringt:
aus apfelschweren Zweigen (3 x) ein hübsches Mädchen winkt.

4. „Ich bitt dich, komm herunter, (3 x) wir bauen uns ein Haus!"
Da trifft sie mich mit Äpfeln (3 x) und lacht mich tüchtig aus.

Aussprache: gh = ch wie in ach,
th wie im Englischen

T und M: aus Griechenland · Deutscher Text: Jürgen Klöckner
Aus: Neue Liederblätter. Christophorus-Verlag, Freiburg im Breisgau

Fließe, Wasser, fließe

2. Fließe, Wasser, fließe – hei! – über Steine lärmend! Wer noch nicht kann seufzen, – hei! – lernt's in Lieb sich härmend.
3. Fließe, Wasser, fließe, – hei! – mußt ums Häuschen jagen. Aber wen ich liebe, – hei! – werd ich keinem sagen.

T und M: aus der Slowakei
Deutscher Text: Heinrich Möller
Aus: H. Möller, Das Lied der Völker, Bd. III. Verlag B. Schott's Söhne, Mainz

Die verwendete Zigeuner-Tonleiter (Plagalform) läßt eine Bordun-Begleitung d/g zu.

Andulko, Augenstern

T und M: aus Böhmen
Deutscher Text und S: Franz Möckl
Aus: F. Möckl, Drei Tanzlieder. Verlag P. J. Tonger, Rodenkirchen/Rhein

Gelin Alayı

2. I: Gelin allar giyinir, :I
I: Güvey ile görünür. :I
I: Bunu gören kaynana, :I
I: Oğlum diye övünür. :I
Geliyor . . .

3. I: Kazanlarda aş pişer, :I
I: Kaynanaya iş düşer. :I
I: Kız anası gelince, :I
I: Kaynana hemen küser. :I
Geliyor . . .

Übersetzung:

1. Für die Braut wird Henna[1)] herbeigeholt. Laßt die Brautmutter tanzen!
Die Braut ist unsere Braut, der Bräutigam ist unser Bräutigam. Laßt die Schwiegermutter trauern.
Da kommt der Hochzeitszug, jetzt müssen beide Mütter tanzen!

2. Die Braut zieht ihr rotes Kleid an. Wir sehen sie mit dem Bräutigam hereinkommen.
Die Schwiegermutter hat sie gesehen und ist stolz auf sie.
Da kommt . . .

3. Im Kessel wird das Hochzeitsessen gekocht. Heute hat die Schwiegermutter viel zu tun.
Wenn die Brautmutter kommt, wird die Schwiegermutter eifersüchtig.
Da kommt . . .

(Ahmet Kaya/Brigitte Lentze)

1) Pulver, mit dem man die Hände der Braut rot färbt

T und M: aus der Türkei
Aus: R.R. Klein/H. Weber, Die Welt im Lied, Ausgabe Süd.
Verlag Moritz Diesterweg, Frankfurt am Main—Berlin—München

Aussprache:

e = flüchtig gesprochenes e (etwa wie in „bitte")
ı = nur angedeutetes e
l in Verbindung mit a, i, o, u = fast wie „w"
c = dsch (stimmhaft)
ç = tsch
ş = sch (stimmlos)
y = j
ğ = weiches g

Bir mumdur
Eine Kerze

Begleitung: Fingerzimbeln an Daumen und Mittelfinger beider Hände befestigt und gegeneinander geschlagen.
Zwei Holzlöffel mit der äußeren Wölbung gegeneinander gehalten und nach unten auf den Oberschenkel bzw. gegen die Hand geschlagen.

z.B. 

1) wörtlich: eine Mittelgroße
2) hat mir den Verstand gestohlen

T und M: aus der Türkei (Südanatolien)
Deutscher Text: Karl Haus
Aus: K. Haus, Reicht die Hände euch geschwind. Verlag B. Schott's Söhne, Mainz

Aussprache: siehe S. 158

Kad si bila mala Mare

2. I: Ni kad nëću zaboravit :I
rodno misto moje,
I: ni ti mogu zaboravit :I
draga oči tvoje.

Übersetzung:

1. Als du klein warst, Mare (=Mädchenname), liebtest du das Meer;
jetzt, da du erwachsen bist, Mare, liebst du die Seeleute.

2. Niemals werde ich vergessen die Stätte meiner Geburt,
nie kann ich vergessen die lieben Augen dein.

1.–2. Mare, Mare, mein süßes Paradies, Mare, du mein Engel.

(F.M.)

T und M: aus Dalmatien
S: Franz Möckl

Aussprache:

k = gh	š = sch
s = stimmloses s	đ = stimmhaftes dsch
z = stimmhaftes s	ë = offenes e, fast ä
ć = tsch	o = offenes o
č = dsch	ō = geschlossenes o

Kol dodi, kol dodi

Lieber Freund, teurer Freund

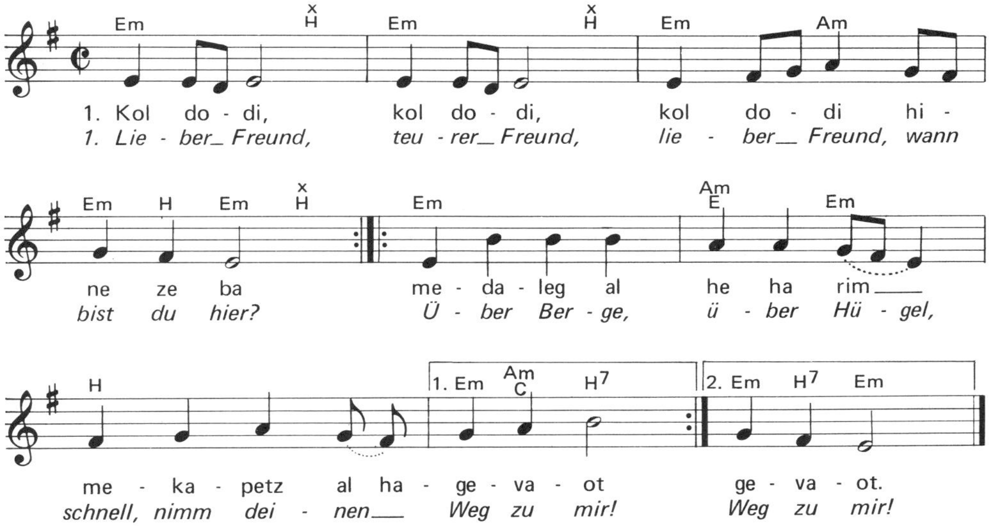

2. *So viel Freud, so viel Freud, so viel Freud hab ich in mir!*
Eile nur, zu mir zu kommen, ich vergeh vor Freude schier.

3. *Komm nur bald, komm nur bald, komm nur bald, beglücke mich!*
Über alle Maßen, Liebster, unaussprechlich lieb ich dich.

T und M: aus Israel
Deutscher Text: Franz Möckl

Sakura

Kirschblüte

Übersetzung:

Kirschblüte, Kirschblüte!
Ein Märzhimmel ist, soweit man sehen kann. Ist es Dunst? Ist es eine Wolke?
Es duftet und riecht. Kommt, wir wollen die Kirschblüte sehen!

T und M: aus Japan (vorgesungen und übersetzt von einer japanischen Studentin)

Aussprache:
r = l
z = s (stimmhaft)
y = j (stimmhaft)
izuru wie idsuru

Leis weht der Wind

2. Schon senkt sich Nebel aufs endlose Land.
   Hörst du das Rauschen der Wellen am Strand?
   Sanft wiegt der Wind die Ähren über dem Feld.
   Ruh und Frieden herrscht in der Welt.

3. Leis klingt ein Lied durch die einsame Nacht,
   klingt immerzu, bis die Sonne erwacht.
   Weit in der Ferne hören wir Glockenschlag,
   kündend schon den morgigen Tag.

T und M: aus China
Deutscher Text: Wolfgang Pailer
Aus: Schweizer Singbuch. Kantonaler Lehrmittelverlag, St. Gallen

El cóndor pasa

2. Der Mensch ist wie der Kondor, der da fliegt ohne Ruh,
von einem Ort zum andern strebt er fort.
Der Kondor schlägt mit seinen Fängen zu, wie der Mensch,
dem seine Waffen lassen nie Ruh. Mit einer Stimme …

2. El hombre es como el cóndor al volar. De un lugar
a otro lugar ha de volar.
La sangre entra en sus garras de dolor, de maldad,
como imitación del hombre y su puñal. Gritemos …

T: aus Bolivien
M: Daniel A. Robles/Jorge Milchberg

Deutscher Text: Marianne Grosse-Boymann
Verlag B. Schott's Söhne, Mainz

Die Moritat von Mackie Messer

2. Ach, es sind des Haifischs Flossen
rot, wenn dieser Blut vergießt!
Mackie Messer trägt 'nen Handschuh,
drauf man keine Untat liest.

3. An der Themse grünem Wasser
fallen plötzlich Leute um!
Es ist weder Pest noch Cholera,
doch es heißt: Macheath geht um.

4. An 'nem schönen blauen Sonntag
liegt ein toter Mann am Strand,
und ein Mensch geht um die Ecke,
den man Mackie Messer nennt.

5. Und Schmul Meier bleibt verschwunden
und so mancher reicher Mann,
und sein Geld hat Mackie Messer,
dem man nichts beweisen kann.

6. Jenny Towler ward gefunden
mit 'nem Messer in der Brust,
und am Kai geht Mackie Messer,
der von allem nichts gewußt.

7. Wo ist Alfons Glite, der Fuhrherr?
Kommt das je ans Sonnenlicht?
Wer es immer wissen könnte –
Mackie Messer weiß es nicht.

8. Und das große Feuer in Soho,
sieben Kinder und ein Greis –
In der Menge Mackie Messer, den
man nicht fragt und der nichts weiß.

9. Und die minderjährige Witwe,
deren Namen jeder weiß,
wachte auf und war geschändet –
Mackie, welches war dein Preis?

T: Bert Brecht
M: Kurt Weill
Aus: Dreigroschenoper. Universal Edition, Wien

America

Alle
mp
C F C G Cm7 B As C
Girl: 1. I like to be in A - me - ri - ca, O - kay by me in A - me - ri - ca. Ev - 'ry - thing free in A - me - ri - ca, For a small fee in A - me - ri - ca!
Girl: 2. Au - to - mo - bile in A - me - ri - ca, Chro - mi - um steel in A - me - ri - ca. Wi - re spoke wheels in A - me - ri - ca, Ve - ry big deal in A - me - ri - ca!
Boy: 3. Im - mi - grant goes to A - me - ri - ca, Ma - ny hel - los in A - me - ri - ca. No - bod - y knows in A - me - ri - ca, Puer - to Ri - co's in A - me - ri - ca!
Boy: 4. I like the shores of A - me - ri - ca, Com-fort is yours in A - me - ri - ca. Knobs on the doors in A - me - ri - ca, Wall to wall floors in A - me - ri - ca!
Boy: 5.=1. (bis Fine)
Fine
Einzelne p C G7 G9 Dm7 G9 Dm7 G
Girl: I like the ci - ty of San Juan. / I'll drive a Bu - ick through San Juan. / I'll bring a T. V. to San Juan. / When I will go back to San Juan.
Boy: I know a boat you can get on. / If there's a road you can drive on. / If there's a cur - rent to turn on. / When you will shut up and get gone?
Girl: Hundreds of flow-ers in full bloom. / I'll give my cousins a free ride. / I'll give them new washing ma - chine. / Ev - 'ry - one there will give big cheer.
Boy: Hundreds of peo - ple in each room! / How you get all of them in - side? / What have they got there to keep clean? / Ev - 'ry - one there will have moved here!
(8va ↓ ad lib.)

1. *Schön ist es hier in Amerika –*
Es gefällt mir in Amerika –
Wie Pionier in Amerika
Bleiben wir hier in Amerika!
Schön ist das Leben in San Juan –
Wo keiner lesen und schreiben kann –
Vor jeder Hütte ein Ölbaum –
Sieben Familien und ein – Raum!

2. *Alles ist viel in Amerika –*
Alles ist Spiel in Amerika –
Automobil in Amerika
Um Pappenstiel in Amerika!
Häuser in San Juan sehr bequem –
Dächer aus Stroh und die Wand – Lehm –
Ein kleiner Brunnen in jedem Block –
Wer wäscht sich dort? Nur der Ziegenbock!

3. *Jeder hat Geld in Amerika –*
Dollar ist Held in Amerika –
Viel Unterwelt in Amerika –
Darum gefällt mir Amerika!
Television kommt nach San Juan –
Wenn's ohne Strom auch nicht gehen kann –
Man führt jetzt schlauchlose Reifen ein –
Warum führt niemand dort Seife ein?

4. *Viel Industrie in Amerika –*
Weite Prärie in Amerika –
Demokratie in Amerika –
Mit viel Whisky in Amerika ...
San Juan kriegt eine Autobahn –
Damit der Ochs rascher laufen kann –
Unfälle sind eine Rarität –
Der Ochs gibt acht, wo die Kuh – geht!

5. *= 1.*

T: Stephen Sondheim
M: Leonard Bernstein

Deutscher Text: Marcel Prawy

Das Musical „West Side Story", aus dem dieser Song stammt, übertrifft viele Produktionen dieser Gattung: Seine Musik ist anspruchsvoller und raffinierter komponiert, zum anderen wird der alte Stoff von Romeo und Julia (Shakespeare) aktuell behandelt, indem er auf die Lebensverhältnisse der großstädtischen Slums von New York und auf die Auseinandersetzung rivalisierender Gangs übertragen wird.

Yesterday

2. Suddenly I'm not half the man I used to be
there's a shadow hanging over me,
oh yesterday came suddenly.

3. Yesterday love was such an easy game to play
now I need a place to hide away,
oh I believe in yesterday.

T und M: Paul McCartney/John Lennon

Übersetzung:

1. Gestern schien mein Kummer so weit entfernt zu sein,
heute scheint er wieder ganz nah. Oh, ich glaube an das Gestern.
Warum mußte sie gehen, ich weiß es nicht, sie wollte nichts sagen;
ich sagte manches Falsche, jetzt sehne ich mich nach gestern.

2. Plötzlich bin ich nicht halb so viel wert wie gewöhnlich,
ein Schatten hängt über mir.
Gestern kam alles so plötzlich. Warum . . .

3. Gestern war die Liebe ein leichtes Spiel für mich,
jetzt brauche ich einen Ort, um mich vor dir zu verbergen.
Oh, ich glaube an das Gestern. Warum . (F. M.)

Banana Boat Song

3. A clerk man a check but him check with caution. Day . . .

4. My back just broke with bare exhaustion. Day . . . *(folgt Refrain)*

*) auch: Day, dah light break . . .

Übersetzung:

Die Sonne, ach, die Sonne geht unter,
ich möchte nach Hause gehen.

1. Komm, Herr Kontrolleur, zähl meine Bananen.
   Die Sonne geht unter, ich möchte nach Hause gehen.
2. Ich habe eine sechs Fuß, sieben Fuß, acht Fuß hohe Bananenstaude.
   Die Sonne . . .
3. Ein Verwalter kontrolliert, aber nimm dich in acht vor seiner Kontrolle.
   Die Sonne . . .
4. Ich habe mir mein Kreuz gebrochen vor schierer Erschöpfung.
   Die Sonne . . .

(Janne und Klaus Weinzierl)

T und M: aus den USA

Einer der Hits des Sängers Harry Belafonte (*1927)

How many roads
(Blowin' in the wind)

2. How many times must a man look up before he can see the sky?
Yes, 'n' how many years must one man have before he can hear people cry?
Yes, 'n' how many deaths will it take till he knows that too many people have died?
The answer. . .

3. How many years can a mountain exist before it's washed to the sea?
Yes, 'n' how many years can some people exist before they're allowed to be free?
Yes, 'n' how many times can a man turn his head pretending he just doesn't see? . . .

Übersetzung:

1. Wie viele Wege muß ein Mensch einschlagen,
bevor wir ihn einen Menschen nennen können?
Ja, und wie viele Meere muß eine Taube überfliegen,
bevor sie im Sand ausruhen darf?

Ja, und wie oft müssen Kanonenkugeln noch fliegen,
bevor sie für immer von dieser Erde verbannt werden?
Die Antwort, mein Freund, kennt nur der Wind,
die Antwort kennt nur der Wind.

2. Wie oft muß ein Mensch aufschauen, bevor er den Himmel sehen kann?
Ja, und wie alt muß ein Mensch sein, bevor er die Leute weinen hören kann?
Ja, und wie viele Tote wird es geben müssen, bis er weiß,
daß schon zu viele Menschen gestorben sind? Die Antwort. . .

3. Wie viele Jahre kann ein Berg stehen, bevor er ins Meer gespült wird?
Ja, und wie viele Jahre können manche Menschen leben,
bevor sie frei sein dürfen?
Ja und wie oft kann ein Mensch sein Gesicht abwenden und so tun,
als ob er einfach nichts sehe? Die Antwort. . .

(Jan Zinkler/Janne Weinzierl)

T und M: Bob Dylan

Sweet Kitty Clover

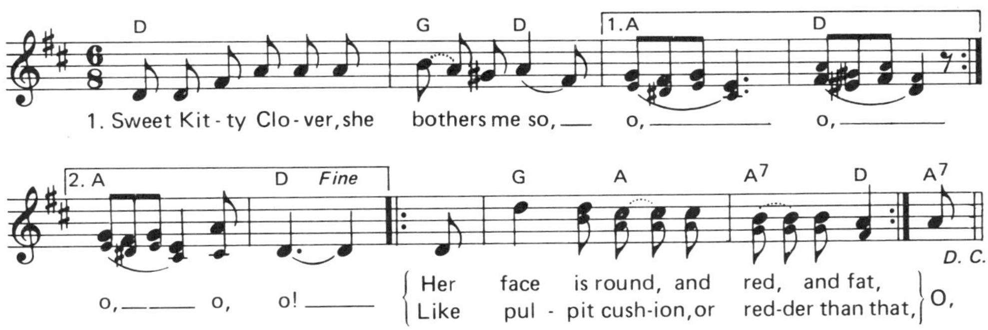

2. I: Sweet Kitty in person is rather low, o, o! :I
She's three feet tall, and that I prize
Is just a fit height for a man of my size.
O, sweet Kitty Clover, she bothers me so, o, o!

Übersetzung:

1. Die süße Kitty Clover macht mich ganz verwirrt.
Ihr Gesicht ist rund und rot und pausbäckig
wie ein Kissen auf der Kirchenkanzel, oder noch röter.
Die süße Kitty Clover macht mich ganz verwirrt.

2. Die süße Kitty ist eine ziemlich winzige Person.
Sie ist nur drei Fuß groß,
und so eine Größe schätze ich sehr;
das ist genau die richtige Größe für einen Mann meiner Statur.
Ach, die süße Kitty Clover macht mich ganz verwirrt.

(Janne und Klaus Weinzierl)

T und M: aus England

Morning has broken

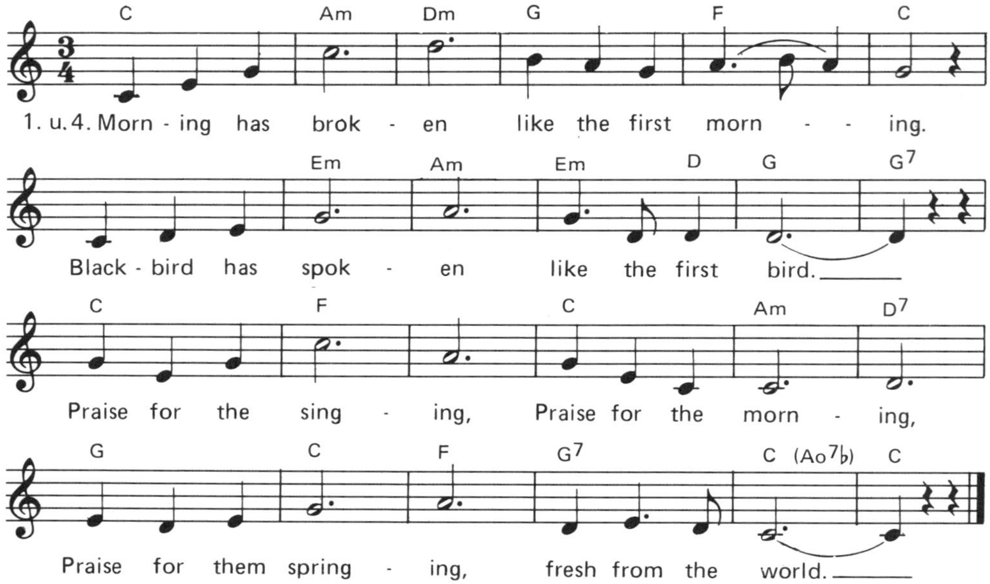

2. Sweet the rain's new fall, sunlit from heaven,
   Like the first dewfall on the first grass.
   Praise for the sweetness of the wet garden,
   Sprung in completeness where His feet pass.

3. Mine is the sunlight, Mine is the morning,
   Born of the one light Eden saw play.
   Praise with elation, praise ev'ry morning,
   God's recreation of the new day.

1. Schön ist der Morgen, schau aus dem Fenster;
ganz neu geboren, schenkt er den Tag.
Nimm ihn und freu dich, danke und denke,
wieder kommt für mich ein neuer Tag.

2. Schön ist der Morgen, singen die Lerchen;
ganz ohne Sorgen freu'n sie sich nur.
Nimm dir ein Beispiel, sei mehr zufrieden,
oft willst du zuviel, frag mal, warum.

3. Schön ist der Morgen, fang wieder neu an.
Gestern und Sorgen, alt und vorbei,
danke und denke, daß die Welt schön ist,
darum verschenke nie deinen Tag.

T: Eleanor Farjeen
M: Cat Stevens nach einem alten Folksong
Deutscher Text: Gisela Zimber

De Hamborger Veermaster

2. Dat Deck weur vun Isen, vull Schiet un vull Schmeer.
„Rein Schipp" weur den Käpten sin grötstet Pläseer.

3. Dat Soltfleesch weur greun, un de Speck weur vull Moden.
Köm gäv dat bloß an Weihnachtsobend.

4. Un wulln wi mol seiln, ick segg dat jo nur,
denn leup he dree vorut und veer wedder retur.

5. As dat Schipp weur, so weur ok de Kaptein,
de Lüd for dat Schipp weurn ok blot schangheit.

Soltfleesch = Salzfleisch
Moden = Maden
Köm = Kümmel (Schnaps)
leup he dree vorut = läuft er drei voraus
veer wedder retur = vier wieder zurück
Lüd = Leute
schangheit = anheuern betrunkener Matrosen für ein Schiff, indem man sich ihre Unterschrift verschafft, weil sie nicht mehr wissen, was sie unterschreiben

T und M: Shanty aus Schleswig-Holstein
Bearbeitung: Klaus Prigge
Aus: Knurrhahn, Seemannslieder und Shanties. Edition Sikorski Nr. 227
Musikverlag Hans Sikorski, Hamburg

Hoodah-Day

2. The maid was neat and fair to view,
   A hoodah and a hooday!
   Her hair was brown, her eye was blue,
   And a hoodah, hoodah-day!
   Blow, boys . . .

3. I asked her if she'd take a trip,
   A hoodah and a hooday!
   Down to the wharf to see my ship,
   And a hoodah, hoodah-day!
   Blow, boys ..

4. She said, "I have a sweetheart true",
   A hoodah and a hooday!
   „And I will not leave him now for you",
   And a hoodah, hoodah-day!
   Blow, boys . . .

T und M: Sea Shanty aus England und den USA

What shall we do with the drunken sailor

2. |: Put him in the longboat[1] till he gets sober :| early in the morning.

3. |: Pull out the plug and wet him all over :| early in the morning.

4. |: Put him in the scuppers[2] with a hose-pipe[3] on him :| early in the morning

5. |: Heave him by the leg in a running bowlin'[4] :| early in the morning.

6. |: Tie him to the taffrail when she's yard-arm under :| early in the morning.

T und M: aus England

1) Beiboot
2) Speigatt, Loch in der Außenreling zur Entwässerung des Decks
3) Schlauch mit Spritzvorrichtung
4) laufendes Seil, Bugleine

Alle, die mit uns auf Kaperfahrt fahren

2. Alle, die Tod und Teufel nicht fürchten, müssen Männer mit Bärten sein.
3. Alle, die Weiber und Branntwein lieben . . .
4. Alle, die mit uns das Walroß killen . . .
5. Alle, die öligen Zwieback lieben . . .
6. Alle, die endlich zur Hölle mitfahren . . .

Zwischenspiel

T und M: aus Flandern
Textübertragung und -ergänzung: Gottfried Wolters
Aus: G. Wolters, Das singende Jahr I/10. Möseler Verlag, Wolfenbüttel und Zürich
Zwischenspiel: Franz Möckl

My Bonnie is over the ocean

2. Last night as I lay on my pillow, last night as I lay on my bed,
   last night as I lay on my pillow, I dreamed that my Bonnie was dead.
   Bring back . . .

3. The winds have gone over the ocean, the winds have gone over the sea,
   the winds have gone over the ocean, and brought back my Bonnie to me.
   Brought back . . .

1. Mein Liebster ist über dem Meere,
mein Liebster ist weit fort von hier,
mein Liebster ist über dem Meere,
o bring ihn zurück doch zu mir!
Bring ihn, bring ihn, o bring ihn zurück doch zu mir, zu mir!
Bring ihn, bring ihn, o bring ihn zurück doch zu mir!

2. Ich lag letzte Nacht ohne Ruhe,
ich lag da und sorgte mich sehr,
ich lag letzte Nacht ohne Ruhe,
und träumte, daß tot er schon wär.
Bring ihn, bring ihn . . .

3. Die Winde weit über dem Meere,
die Winde, sie treiben nach hier,
die Winde weit über dem Meere,
sie brachten zurück ihn zu mir.
Brachten, brachten,
sie brachten zurück ihn zu mir!

T und M: aus England
Deutscher Text und S: Karl Haus

Wir lieben die Stürme

2. Unser Schiff gleitet stolz durch die schäumenden Wogen,
es strafft der Wind unsre Segel mit Macht.
Seht ihr hoch oben die Fahne sich wenden,
die blutrote Fahne? Ihr Seeleut, habt acht! Heio, heio . . .

3. Wir treiben die Beute mit fliegenden Segeln,
wir jagen sie weit auf das endlose Meer.
Wir stürzen an Deck und wir kämpfen wie Löwen,
hei, unser der Sieg, viel Feinde, viel Ehr! Heio, heio . . .

4. Ja, wir sind Piraten und fahren zu Meere;
wir fürchten nicht Tod und den Teufel dazu;
wir lachen der Feinde und aller Gefahren,
am Grunde des Meeres erst finden wir Ruh. Heio, heio . . .

T und M: aus der Jugendbewegung (Beginn des 20. Jahrhunderts)
Bearbeitung: Klaus Prigge
Aus: Knurrhahn, Seemannslieder und Shanties. Edition Sikorski Nr. 227
Musikverlag Hans Sikorski, Hamburg

Winde wehn, Schiffe gehn

2. Wein doch nicht, lieb Gesicht, wisch die Tränen ab!
Und denk an mich und an die schöne Zeit, bis ich dich wieder hab.

3. Silber und Gold, Kisten voll, bring ich dann mit mir.
Ich bringe Seiden und Sammetzeug, und alles schenk ich dir.

T und M: aus Finnland
Deutscher Text: Erich Spohr / Hermann Gumbel
Aus: E. Spohr / H. Gumbel, Nordische Volkslieder. Verlag Moritz Diesterweg, Frankfurt am Main – Berlin – München
S: Karl Haus / Franz Möckl

Heho, her an Bord

Kanon

T und M: aus England
Deutscher Text: Karl Seidelmann
Aus: K. Seidelmann, Der blaue Peter. Voggenreiter Verlag, Bonn-Bad Godesberg

Good night, ladies

2. Farewell, laddies[1]! . . . 3. Sweet dreams, ladies! . . .

T und M: aus England

1) Burschen

Row your boat

Kanon

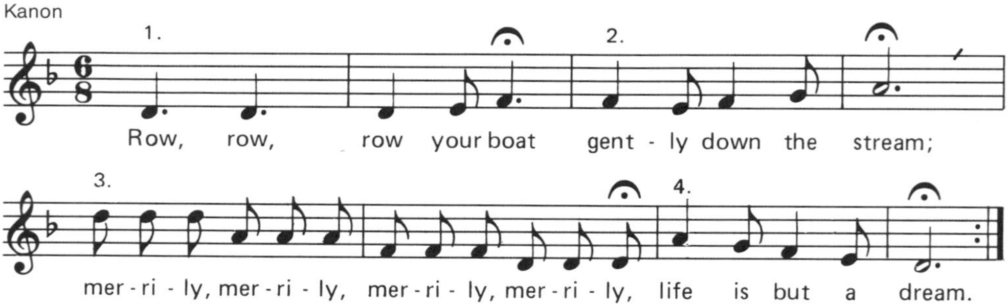

Ostinato

T und M: aus England
Ostinato: Franz Möckl

Übersetzung:
Rudere dein Boot geduldig den Strom hinab, fröhlich, denn das Leben ist ein Traum.
(F.M.)

Fahrten- und Wanderlieder

Wir sind jung, die Welt ist offen

2. Liegt doch hinter jenem Walde nicht ein fernes, fremdes Land?
Blüht auf grüner Bergeshalde nicht das Blümlein Unbekannt?
Laßt uns schweifen im Gelände, über Täler, über Höh'n!
Wo sich auch der Weg hinwende: Wir sind jung und das ist schön!

3. Auf denn, auf! Die Sonne zeige uns den Weg durch Wald und Hain;
geht der Tag darob zur Neige, leuchte uns der Sterne Schein.
Brüder, schnell den Rucksack über, heute soll's ins Weite geh'n.
Regen? Wind? Wir lachen drüber: Wir sind jung und das ist schön!

T: Jürgen Brand
M: Michael Englert
Verlag Deutsche Buch-Gemeinschaft, Berlin

Wir wollen zu Land ausfahren

2. Fremde Wasser dort springen, sie sollen uns Weiser sein,
wo wir wandern und singen Lieder ins Land hinein.
Und brennt unser Feuer an gastlicher Statt,
so sind wir geborgen und schmausen uns satt,
und die Flammen leuchten darein.

3. Und wandelt aus tiefem Tale heimlich und still die Nacht
und sind vom Mondenstrahle Gnomen und Elfen erwacht,
dämpfet die Stimmen, die Schritte im Wald,
so hört ihr und seht ihr manch' Zaubergestalt,
die wallt mit uns durch die Nacht.

4. Es blühet im Walde tief drinnen die blaue Blume fein,
die Blume zu gewinnen, ziehn wir in die Welt hinein.
Es rauschen die Bäume, es murmelt der Fluß,
und wer die blaue Blume finden will,
der muß ein Wandervogel sein.

T: Hjalmar Kutzleb
M: Kurt von Burkersroda
Möseler Verlag, Wolfenbüttel und Zürich/Voggenreiter Verlag, Bonn-Bad Godesberg

Wenn die bunten Fahnen wehen

2. Sonnenschein ist unsre Wonne, wie er lacht am lichten Tag!
Doch es geht auch ohne Sonne, wenn sie uns nicht scheinen mag.
Blasen die Stürme, brausen die Wellen,
singen wir mit dem Sturm unser Lied.

3. Wo die blauen Gipfel ragen, lockt so mancher steile Pfad.
Immer vorwärts ohne Zagen, bald sind wir dem Ziel genaht!
Schneefelder blinken, leuchten von ferne her,
Lande versinken im Wolkenmeer.

T und M: Alfred Zschiesche
Aus: A. Zschiesche, Querfeldein. Verlag B. Schott's Söhne, Mainz

Wir reiten geschwinde

Kanon

T und M: Agnes Hundoegger
Aus: B. Binkowski/W. Brändle/M. Hug, Musik um uns, 5./6. Schuljahr.
Metzlersche Verlagsbuchhandlung, Stuttgart

Aus grauer Städte Mauern

2. Der Wald ist unsre Liebe, der Himmel unser Zelt,
ob heiter oder trübe, wir fahren in die Welt.
Halli, hallo . . .

3. Die Sommervögel ziehen schon über Wald und Feld.
Da heißt es Abschied nehmen: Wir fahren in die Welt.
Halli, hallo . . .

T: Hans Riedel
M: Robert Götz
Voggenreiter Verlag, Bonn-Bad Godesberg

Die hier im Original wiedergegebene Melodie wurde in den Jugendgruppen verschiedentlich verändert (umgesungen).

Hoch auf dem gelben Wagen

2. Flöten hör ich und Geigen, lustiges Baßgebrumm,
junges Volk im Reigen tanzt um die Linde herum.
Wirbelnde Blätter im Winde, es jauchzt und lacht und tollt,
I: ich bliebe so gern bei der Linde, aber der Wagen, der rollt. :I

3. Postillion in der Schenke füttert die Rosse im Flug,
schäumendes Gerstengetränke reicht uns der Wirt im Krug.
Hinter den Fensterscheiben lacht ein Gesicht gar hold,
I: ich möchte so gerne noch bleiben, aber der Wagen, der rollt. :I

T: Rudolf Baumbach
M: Heinz Höhne
Richard Birnbach Musikverlag, Berlin 1923

Schön ist die Welt

2. Wir sind nicht stolz, wir brauchen keine Pferde,
   I: die uns von dannen ziehn. :I
3. Wir steigen hinauf auf Berge und auf Hügel,
   I: wo uns die Sonne sticht. :I
4. Wir laben uns an jeder Felsenquelle,
   I: wo frisches Wasser fließt. :I
5. Wir reisen fort von einer Stadt zur andern,
   I: wo uns die Luft gefällt. :I

T und M: aus Oberhessen
S: Karl Haus/Franz Möckl

Auf, auf, ihr Wandersleut

2. Ihr liebsten Eltern mein, ich will euch dankbar sein; die ihr mir habt gegeben von Gott ein langes Leben, so gebet mir gleich einer Speis' den Segen auf die Reis'.
3. Der Tau vom Himmel fällt, hell wird das Firmament. Die Vöglein in der Höhe, wenn sie vom Schlaf aufstehen, da singen sie zu meiner Freud; lebt wohl, ihr Wandersleut!

T und M: aus Nordböhmen

Auf, du junger Wandersmann

2. An dem schönen Donaufluß findet man ja seine Lust und seine Freud auf grüner Heid, wo die Vöglein lieblich singen und die Hirschlein fröhlich springen; dann kommt man vor eine Stadt, wo man gute Arbeit hat.

3. Mancher hinterm Ofen sitzt und gar fein die Ohren spitzt, kein Stund fürs Haus ist kommen aus. Den soll man als Gsell erkennen oder gar ein Meister nennen, der noch nirgends ist gewest, nur gesessen in seim Nest?

4. Morgens, wenn der Tag angeht und die Sonn am Himmel steht so herrlich rot wie Milch und Blut; auf, ihr Brüder, laßt uns reisen, unserm Herrgott Dank erweisen für die fröhlich Wanderzeit, hier und in die Ewigkeit.

T und M: aus Franken
S: Walther Hensel
Aus: W. Hensel, Der singende Quell. Bärenreiter-Verlag, Kassel und Basel

Wohlauf, in Gottes schöne Welt

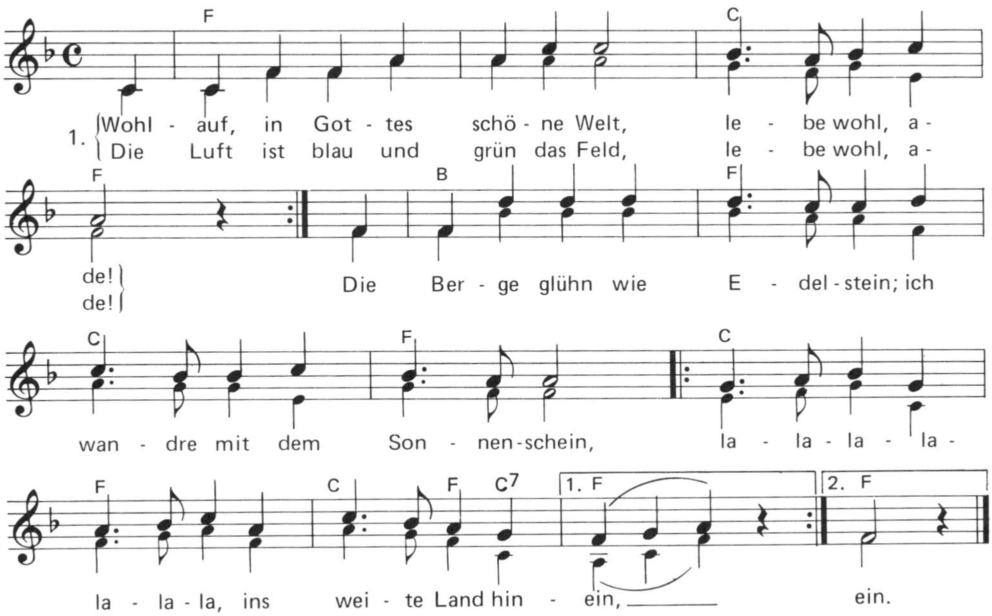

2. Du traute Stadt am Bergeshang, lebe wohl, ade! Du hoher Turm, du Glockenklang, lebe wohl, ade! Ihr Häuser alle wohlbekannt, noch einmal wink ich mit der Hand, |: la - la - la . . . und nun seitab gewandt. :|

3. An meinem Wege fließt der Bach, lebe wohl, ade! Der ruft den letzten Gruß mir nach, lebe wohl, ade! Ach Gott, da wird's so eigen mir, so linde wehn die Lüfte hier, |: la - la - la . . . als wär's ein Gruß von dir. :|

4. Ein Gruß von dir, du schönes Kind, lebe wohl, ade! Doch nun den Berg hinab geschwind, lebe wohl, ade! Wer wandern will, der darf nicht stehn, der darf niemals nach hinten sehn, |: la - la - la . . . muß immer weiter gehn. :|

T: Julius Rodenberg
M: volkstümlich
S: Karl Haus/Franz Möckl

Im Frühtau zu Berge

2. Ihr alten und hochweisen Leut', fallera,
ihr denkt wohl, wir wären nicht gescheit, fallera.
I: Wer wollte aber singen, wenn wir schon Grillen fingen
in dieser herrlichen Frühlingszeit. :I

3. Werft ab alle Sorgen und Qual, fallera,
und wandert mit uns aus dem Tal, fallera.
I: Wir sind hinausgegangen, den Sonnenschein zu fangen.
Kommt mit und versucht es doch auch einmal. :I

T und M: aus Schweden
Deutscher Text: Walther Hensel
Aus: W. Hensel, Das aufrecht Fähnlein. Bärenreiter-Verlag, Kassel und Basel
Satz: Karl Haus

Wem Gott will rechte Gunst erweisen

2. Die Bächlein von den Bergen springen,
die Lerchen schwirren hoch vor Lust,
was sollt ich nicht mit ihnen singen
aus voller Kehl' und frischer Brust?

3. Den lieben Gott laß' ich nur walten,
der Bächlein, Lerchen, Wald und Feld
und Erd und Himmel will erhalten,
hat auch mein' Sach' aufs best' bestellt.

T: Joseph von Eichendorff
M: Theodor Fröhlich

Das Wandern ist des Müllers Lust

2. Vom Wasser haben wir's gelernt, vom Wasser:
   Das hat nicht Ruh bei Tag und Nacht,
   ist stets auf Wanderschaft bedacht, das Wasser.
3. Das sehn wir auch den Rädern ab, den Rädern:
   Die gar nicht gerne stille stehn
   und sich mein Tag nicht müde drehn, die Räder.
4. Die Steine selbst, so schwer sie sind, die Steine:
   Sie tanzen mit den muntern Reih'n
   und wollen gar noch schneller sein, die Steine.
5. O Wandern, Wandern meine Lust, o Wandern!
   Herr Meister und Frau Meisterin,
   laßt mich in Frieden weiterziehn und wandern!

T: Wilhelm Müller
M: Carl Friedrich Zöllner
Vgl. auch die Vertonung Franz Schuberts aus dem Liedzyklus „Die schöne Müllerin", Seite 297

Den schönsten Frühling sehn wir wieder

2. In allen Winden hörst du's sausen,
es steht nach Wanderschaft die Lust;
und wenn auch Stürme uns umbrausen,
es hebt sich freier nur die Brust.

T und M: nach der Sammlung „Fränkische Volkslieder" von Franz Wilhelm von Ditfurth, 1855
Fassung und S: Franz Möckl, Heinrichshofen's Verlag, Wilhelmshaven

Wohlauf, die Luft geht frisch und rein

2. Der Wald steht grün, die Jagd geht gut, schwer ist das Korn geraten, sie können auf des Maines Flut die Schiffe kaum verladen. Bald hebt sich auch das Herbsten an, die Kelter harrt des Weines, der Winzer Schutzherr Kilian beschert uns etwas Feines. Valleri …
3. Zum heil'gen Veit von Staffelstein bin ich emporgestiegen und seh' die Lande um den Main zu meinen Füßen liegen. Von Bamberg bis zum Grabfeldgau umrahmen Berg und Hügel die breite stromdurchglänzte Au; ich wollt, mir wüchsen Flügel! Valleri … (gekürzt)

T: Viktor von Scheffel
M: Valentin Eduard Becker, hier in der zurechtgesungenen Form

Ein Vergleich der zurechtgesungenen Form des Liedes mit der Originalfassung in der Handschrift des Komponisten kann Gründe für das Um- oder Zersingen von Melodien deutlich machen.

Der Anfang von Valentin Eduard Beckers Lied „Wohlauf, die Luft geht frisch und rein" im Original ▶

Lied fahrender Schüler : Jos. Viktor v. Scheffel
V. E. Becker
Mässig schnell
p

Wir kamen einst von Piemont

2. I: „Herr Wirt, bringt uns ein Essen her, der Magen ist so lang schon leer!" :I
„Hab noch Fleisch von 'ner alten Mähre,
sans dessus dessous et sans devant derrière."
„Ei, bringt es her und Wein dazu!"
I: Sans devant derrière, sans dessus dessous. :I

3. I: „Herr Wirt, wir woll'n nun weiter gehn, das Essen war gewiß sehr schön! :I
Nehmt den Sou, hab'n nicht mehr, auf Ehre,
sans dessus dessous et sans devant derrière!"
Wir aber stoben fort im Nu.
I: Sans devant derrière, sans dessus dessous. :I

T und M: aus Frankreich
Deutscher Text: Klaus Tränkle
Aus: K. Schilling, Der Turm. Voggenreiter Verlag, Bonn-Bad Godesberg

1) sprich: sã (nasal) dessü dessu ä sã dewã derriäre
deutsch: ohne (etwas) oben, unten und ohne (etwas) vorne, hinten
sinngemäß: oben und unten, vorne und hinten nichts

2) eine Münze (sprich: su)

Mich brennt's in meinen Reiseschuh'n

2. Es hebt das Dach sich von dem Haus, und die Kulissen rühren
und strecken sich zum Himmel raus, Strom, Wälder musizieren.

3. Da gehn die einen müde fort, die andern nah'n behende,
das alte Stück, man spielt's so fort und kriegt es nie zu Ende.

4. Und keiner kennt den letzten Akt von allen, die da spielen,
nur der da droben schlägt den Takt, weiß, wo das hin will zielen.

T: Joseph von Eichendorff
M: Cesar Bresgen
Aus: C. Bresgen, Eichendorff-Lieder. Voggenreiter Verlag, Bonn-Bad Godesberg

Beispiel für ein Lied aus der neueren Zeit, das weite Verbreitung gefunden hat.

Mein Vater war ein Wandersmann

2. Das Wandern schafft stets frische Lust,
erhält das Herz gesund,
frei atmet draußen meine Brust,
froh singet stets mein Mund. Valleri . . .

3. Drum trag ich meinen Wandersack
weit in die Welt hinein,
und werde bis ans kühle Grab
ein froher Wandrer sein. Valleri . . .

T: Fl. Siegesmund/Edith Möller
M: Friedrich Wilhelm Möller

Jagd- und Jägerlieder

Auf, auf, zum fröhlichen Jagen

2. Frühmorgens, als der Jäger in grünen Walde kam,
da sah er mit Vergnügen das schöne Wildbret an.
Die Gamslein Paar um Paare, sie kommen von weit her,
die Rehe und das Hirschlein, das schöne Wildbret schwer. Tridihejo . . .

3. Das edle Jägerleben vergnüget meine Brust,
dem Wilde nachzuschweifen, ist meine höchste Lust.
Wir laden unsre Büchsen mit Pulver und mit Blei;
wir führ'n das schönste Leben, im Walde sind wir frei. Tridihejo . . .

T und M: aus Kärnten

Blaset die Hörner

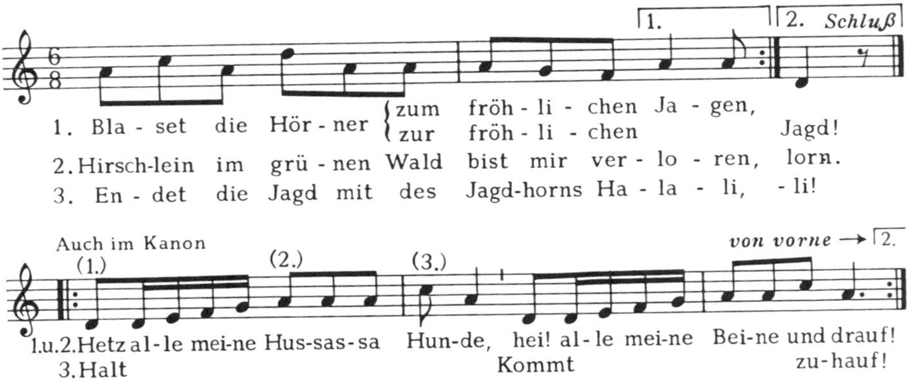

Ostinato

T (1. und 3. Strophe) und M: Kurt Sydow
T (2. Strophe): Martin Luserke
Aus: G. Wolters, Das singende Jahr II/22. Möseler Verlag, Wolfenbüttel und Zürich
Ostinato: Karl Haus/Franz Möckl

Trara, das tönt wie Jagdgesang

Kanon

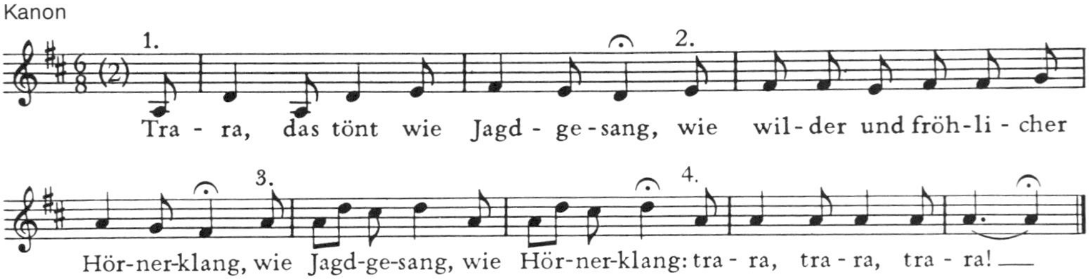

T und M: mündlich überliefert

Der Jäger in dem grünen Wald

2. Mein Hündlein hab ich stets bei mir in diesem grünen Waldrevier,
I: und mein Hündelein, das jagt, und mein Herz, das lacht, :I
meine Augen, meine Augen, meine Augen leuchten hell und klar.

3. Ich sing mein Lied aus voller Brust, der Hirsch tut einen Satz vor Lust,
I: und der Fink, er pfeift, und der Kuckuck schreit, :I
und die Hasen, und die Hasen, und die Hasen kratzen sich am Bart.

T und M: aus Schwaben

Der Jäger längs dem Weiher ging

2. Was raschelt in dem Grase dort? . . . Was flüstert leise fort und fort? . . .
3. Was ist das für ein Untier doch? . . . Hat Ohren wie ein Blocksberg hoch! . . .
4. Das muß fürwahr ein Kobold sein! . . . Hat Augen wie Karfunkelstein! . . .
5. Der Jäger furchtsam um sich schaut . . . Jetzt will ich's wagen! – O, mir graut! . . .
6. O Jäger, laß die Büchse ruhn . . . Das Tier könnt dir ein Leides tun! . . .
7. Der Jäger lief zum Wald hinaus . . . Verkroch sich flink im Jägerhaus . . .
8. Das Häschen spielt im Mondenschein . . . Ihm leuchten froh die Äugelein . . .

T und M: volkstümlich
S: Karl Haus

Ein Beispiel für das Zusammenführen verschiedener Überlieferungen zu einem neuen Liedganzen, das sich nach und nach durchsetzt und zu einem Volkslied wird. Die Melodie ist aus der Gegend am Niederrhein überliefert in der Ballade vom „Edelmann im Habersack". Der Text fußt auf einer Überlieferung in der Sammlung Kretzschmar-Zuccalmaglio, Deutsche Volkslieder (1840): „Die Kronschlange".

The hunt is up

2. The east is bright with morning light, and darkness it is fled,
and the merry horn wakes up the morn to leave his idle bed.

3. Behold the skies with golden dyes are glossing all around;
the grass is green and so are the treen, all laughing at the sound.

4. = 1.

T und M: aus England (17. Jahrhundert)
Vgl. „Kommt, ihr G'spielen", S. 39

Es blies ein Jäger

2. »Soll denn mein Blasen verloren sein? Viel lieber wollte ich kein Jäger sein.«
3. Er warf sein Netz wohl übern Strauch, da sprang ein schwarzbraunes Mädel raus.
4. »Ach schwarzbraunes Mädel, entspring mir nicht! Ich habe große Hunde, die holen dich«.
5. »Deine großen Hunde, die fürcht' ich nicht, sie kennen meine hohen, weiten Sprünge nicht«.

T und M: aus Schlesien (19. Jahrhundert)
S: Karl Haus

Wie lieblich schallt

T: Christoph von Schmid
M: Friedrich Silcher
S: Karl Haus

Tanzlieder und Tänze

Erklärung der Zeichen und Abkürzungen bei den Tanzvorschlägen

► = Tänzer ⊃ = Tänzerin x̄ = kreuzen vorne

r = rechter Fuß l = linker Fuß x̲ = kreuzen hinten

r̲, l̲ = rechter, linker Fuß stampft rück = Gewicht zurückverlagern

(r̲), (l̲) = rechter, linker Fuß stampft ohne Belastung an = linken Fuß an den rechten anstellen bzw. umgekehrt

→ ← = nach rechts/nach links

↶ ↷ = links-/rechtsherum Wdhlg. = Wiederholung

Laß doch der Jugend ihren Lauf

2. I: Ach noch ein' Walzer, ein' Walzer zu guter, guter Letzt! :I
Seht nur, wie allerliebst und nett 's Mädel die Füße setzt! Tanz mit der Dorle . . .

3. I: Warum soll'n wir uns des Lebens, des Lebens nicht erfreu'n? :I
Bei Tanz und Flötenspiel hat man der Freuden viel. Tanz mit der Dorle . . .

T und M: aus Franken

Tanz rüber, tanz nüber

2. „Und wenn du so stolz mit deim Schotzla willst sei, so nemm a Papierle und wickels enei! Und nemm a roats Bandel un strick se fest zu, nachert kimmt dir ka so a Schmarutzer dazu." *(Jeweils in der örtlichen Mundart zu sprechen)*

Vorspiel und Begleitung

T und M: aus Franken · S: Karl Haus

Guten Abend, guten Abend

2. |: Was war das, was war das, was du uns jetzt gespielt? :| Wie kann man bei Lärmen und Toben und Schreien den Walzer hier spielen zum fröhlichen Reihen! Streich …
3. Ei, Steffen, ei, Steffen, die Polka kann ich nicht. :| Da sitz ich viel lieber und tu mir vertellen mit mein lieben Schwestern' paar olle Kamellen. Streich …

T und M: aus Jütland

Lustiges Quodlibet

T: Karl Haus/Franz Möckl
M: aus Kärnten

T und M: volkstümlich

Oder als Zungenbrecher: „Heut kommt der Hans zu mir!" freut sich die Lies, „ob er aber über Oberammergau oder aber über Unterammergau oder aber überhaupt net kommt, dies is net gwiß."

T und M: volkstümlich

Quodlibet (lat.: was beliebt) nennt man die Verbindung vorgegebener Melodien und Texte verschiedenen Inhalts zu scherzhaften Aneinanderreihungen (nach Art von Potpourris). Seit der Jugendbewegung zu Beginn dieses Jahrhunderts wurde eine andere Art des Quodlibets entwickelt: Zwei oder mehrere Lieder mit gleicher harmonischer Struktur werden dabei gleichzeitig gesungen.

Heißa, Kathreinerle

2. Dreh wie ein Rädele flink dich im Tanz! Fliegen die Zöpfele, wirbelt der Kranz.
   Didel . . . lustig im Kreis herum, dreh dich, mein Mädel, im festlichen Glanz!
3. Heute heißt's lustig sein, morgen ist's aus. Sinket der Lichter Schein, gehn wir nach Haus.
   Didel . . . morgen mit viel Gebrumm fegt die Frau Wirtin den Tanzboden aus.

T und M: aus dem Elsaß

Dieses und das Lied „Zum Tanze, da geht ein Mädel", S. 215, können – in E- oder F-Dur – auch als Quodlibet gesungen werden.

Tanzvorschlag

Paarkreis, Kreuzfassung vorn

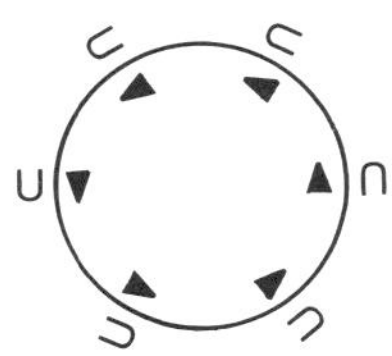

Takt 1–2:	6 Laufschritte ⟶
Takt 3–4:	4 Stampfer ♩ ♩ ♩ | ♩. , dabei in die andere Richtung drehen, ohne die Hände loszulassen
Wdhlg. Takt 1–4:	dasselbe, aber ⟵
Takt 5–8:	am Platz laufen ↻, die Fassung kann jedes Paar selbst bestimmen
Takt 9–12:	dasselbe ↺

Variationen:

2. Strophe,	Takt 1–4 mit Wdhlg.: wie oben Takt 1–4, aber zur Mitte und zurück
3. Strophe,	Takt 1–4 mit Wdhlg.: wie oben Takt 1–4, aber nach außen und zurück

(Ulla Ellermann)

Pfeifer Tim

1. Ev' ry per - son in the na - tion, or of great or humb-le sta - tion,
1. Je-dermann im ganzen Lan - de, je-dem gleich von welchem Stan - de,

holds in high - est es - ti - ma - tion Pi - ping Tim of Gal - way.
spielt zum Tanz der weit - be - kann - te Pfei - fer Tim aus Ir - land.

Loud - ly he can play or low; he can move you fast or slow,
Laut und lei - se, wohl und weh, lang-sam, schnell wie eh und je,

touch your heart or stir your toe, Pi - ping Tim of Gal - way.
rührt dein Herz bis in die Zeh', Pfei - fer Tim aus Ir - land.

2. When the wedding bells are ringing,
his the breath to lead the singing,
then in jigs the folks go swinging –
what a splendid piper!
He will blow from eve to morn,
county sleep a thing of scorn,
old is he but not outworn.
Know you such a piper?

2. Mit ihm feiern wir die Feste,
daß bald tanzen alle Gäste,
spielt er auf für uns das Beste –
Pfeifer Tim aus Irland.
Dudelsack von früh bis spät
ist zum Pfeifen aufgebläht.
Niemand einen Tanz verschmäht.
Kennt ihr solchen Pfeifer?

3. When he walks the highway pealing,
round his head the birds come wheeling.
Tim has carols worth the stealing,
Piping Tim of Galway.
Thrush and linnet, finch and lark
to each other twitter, "Hark"
soon they sing from light to dark,
Piping Tom of Galway.

3. Wenn er wandert auf der Straße,
alle Vögel ihm zum Spaße
zwitschern rund um seine Nase –
Pfeifer Tim aus Irland.
Drossel, Lerche und der Fink
singen mit auf seinen Wink,
und sein Schritt bleibt froh und flink –
Pfeifer Tim aus Irland.

T und M: aus Irland
Deutscher Text: Lieselotte Holzmeister
Aus: H. Lemmermann, Die Zugabe, Bd. 2. Fidula-Verlag, Boppard/Rhein

Ma come balli bene, bella bimba

T und M: aus Italien (Trient)
Deutscher Text: Franz Möckl
Aus: F. Möckl, Europäische Volkslieder für gemischten Chor. Verlag Merseburger, Berlin

Aussprache:
che = ke
agile = adschile (stimmhaft)
leggera = ledschera
quel = kwel

Tanzvorschlag

Freie Aufstellung zu Paaren nebeneinander. Die Handfassung wählen die Paare für den 1. Teil selbst, in der freien Hand können Tücher, Bänder oder ein Schellenkranz gehalten werden.

1. Teil: Mit dem Partner durch den Raum „schlendern“

2. Teil: Hüftfassung; der freie Arm schwenkt ein Tuch, Schellenkranz o.ä.; umeinander herumlaufen, dabei die Unterschenkel nach hinten abwinkeln

Wdhlg.: Wenn man will, kann die Richtung gewechselt werden

Variation für den 2. Teil: Einer tanzt allein, der andere unterstützt durch Klatschen o.ä.

Wdhlg.: Der andere tanzt

(Ulla Ellermann)

Vier Segel seh ich

Dieser Tanz aus der Stadt Kalamata im Süden des Peloponnes wird in ganz Griechenland getanzt.

T und M: aus Griechenland · S: Herbert Langhans
Deutscher Text: Anneliese Schmolke
Aus H. Langhans/A. Schmolke, Europäische Tänze. Möseler Verlag, Wolfenbüttel und Zürich

Tanzvorschlag

Halbkreis, Hände gefaßt, Tänzer und Tänzerinnen in beliebigem Wechsel. In Griechenland tanzt oft ein Mann am Anfang, dann folgen die Frauen und dann die Männer. Der 1. Tänzer tanzt verschiedene, nicht festgelegte Variationen, alle anderen tanzen:

Takt 1–2: 6 Gehschritte →

Takt 3: Schritt mit dem rechten Bein →; links vor rechts kreuzen; auf rechts das Gewicht zurückverlagern

Tanz 4: Schritt mit dem linken Bein ←; rechts vor links kreuzen; auf links das Gewicht zurückverlagern

(Ulla Ellermann)

Wenn der Maciek tanzt

2. Weh, o weh, nun liegt der Maciek krank darnieder;
tagelang schon sah die Schenke ihn nicht wieder.
Ach, wer wird nun Bier uns schenken,
wer mit Liedern uns bedenken? Oj, dana . . .

3. Ach, der Maciek liegt dort tot in seinem Bette!
Tot wär er wohl nicht, wenn aufgespielt man hätte:
Selbst der Tod ist zu betören,
läßt man ihn Mazurka hören! Oj, dana . . .

T und M: aus Polen (Masuren)
Deutscher Text: Heinz Benker
Aus: Lied & Song. Hrsg. vom Verband Bayerischer Schulmusikerzieher. Verlag Max Hieber, München

Das Lied steht im Mazurka-Rhythmus, der sich auch bei vielen polnischen Sprung- und Drehtänzen findet. Die Mazurka war von der Mitte des 18. Jahrhunderts an als beliebter Gesellschaftstanz in Europa weit verbreitet. Polnische Komponisten, vor allem Frédéric Chopin (1810–1849), schrieben auch Mazurken für den Konzertsaal.

Kasatschok

2. Hat den Iwan Puschkin, Sekt und Wodka
erst so recht in Stimmung dann gebracht,
I: tanzt er Kasatschok mit seiner Nina,
bis am Morgen dann der Tag erwacht, ja . . . :I

T und M: aus Rußland
Deutscher Text: Kai Schwindt
Aus: H. Schwindt, Das große Gitarren-ABC, Bd. 3. Edition Walter Wild, Zürich

Tanzvorschlag

Kreis

Vorspiel bzw. Zwischenspiel, Nachspiel

Takt 1: 2 Schlußsprünge vorwärts ♩ ♩

Takt 2: 3x klatschen ♫ ♩

Takt 3: 2 Schlußsprünge rückwärts ♩ ♩

Takt 4: 3x klatschen ♫ ♩

Takt 5–6: wie Takt 1–2

Takt 7–8: 3x stampfen und klatschen ♩ ♩ | ♩ 𝄽

Strophe

Takt 1–8: Im Rhythmus des Liedes abwechselnd das linke und rechte Bein gestreckt nach vorn werfen; beide Arme in Schulterhöhe verschränkt vor dem Körper halten; sich dabei drehen

Takt 9–16: Ein Tänzer, der vorher bestimmt wurde, geht in die Mitte, zeigt, was er kann, die andern feuern ihn an; am Schluß auf jemanden zutanzen, der während der Wdhlg. bzw. bei der nächsten Strophe tanzt

(Ulla Ellermann)

Zum Tanze, da geht ein Mädel

2. |: Ach herzallerliebstes Mädel, so laß mich doch los! :|
   |: Ich lauf dir gewißlich auch so nicht davon. :|

3. |: Kaum löset die schöne Jungfer das güldene Band, :|
   |: da war in den Wald schon der Bursche gerannt. :|

Dazu Instr. ad lib. (Takt 1-4 auch als Vor- und Zwischenspiel)

T und M: aus Schweden
S: Karl Haus

Igra kolo

T und M: aus Serbien
Deutscher Text: Franz Möckl/Karl Haus
S: Karl Haus

Tanzvorschlag

Halbkreis, V-Fassung

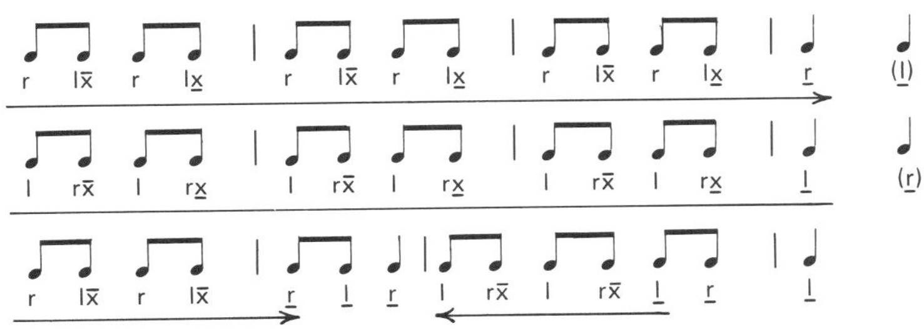

Takt 1–4: 12 Laufschritte →, dabei abwechselnd links vor und hinter rechts kreuzen; am Schluß 2 Stampfer rechts, links

Takt 5–8: 12 Laufschritte ←, dabei abwechselnd rechts vor und hinter links kreuzen; am Schluß 2 Stampfer, links, rechts

Takt 9: 4 Laufschritte →, dabei links vor rechts kreuzen

Takt 10: 3 Stampfer am Platz

Takt 11–12: dasselbe, nur ←, mit links beginnen

(Ulla Ellermann)

Hava nagila

Übersetzung:
Kommt, laßt uns fröhlich sein, auf, laßt uns singen und jubeln. Brüder, seid freudigen Herzens.

T und M: chassidisch (hebr. „chassidim" = die Frommen. Chassidismus ist eine im 18. Jahrhundert entstandene jüdische Religionsbewegung in Polen und in der Ukraine)

Das Lied wird heute in verschiedenen Varianten in Israel gesungen.

Tanzvorschlag

Kreis oder Halbkreis, Schulterfassung (die ausgestreckten Arme liegen auf den Schultern bzw. Oberarmen des Nachbarn)

Die Musikphrase stimmt nicht mit der Bewegung überein.

2 Laufschritte links, rechts, ←; 1 Hüpfer links, dabei rechts leicht vor links in der Luft kreuzen; 1 Hüpfer rechts, dabei links leicht vor rechts in der Luft kreuzen

Manchmal wird die ganze Folge auch → getanzt, dann beginnt der rechte Fuß.

(Ulla Ellermann)

Werft 'nen Heller

2. Ihr müßt singen, Dudelsack wird klingen.
   Tanz, Maruschka, tanz, Petruschka, sollt im Kreis euch schwingen!

3. Hört, die Geigen wollen auch nicht schweigen.
   Tanz, Maruschka, tanz, Petruschka, wirbelt fort im Reigen!

4. Freunde, trinket! Stern am Himmel blinket.
   Tanz, Maruschka, tanz, Petruschka, bis der Morgen winket!

T und M: aus Jugoslawien
Deutscher Text: R. B. Schindler
Aus H. Lemmermann, Die Zugabe II. Fidula-Verlag, Boppard/Rhein
S: Franz Möckl

Skip to my Lou

(Square dance)

T und M: aus den USA
S: Franz Möckl

Der Square dance (engl. square = Quadrat, Viereck) ist ein beliebter amerikanischer Volkstanz, der sich aus alten französischen und englischen Tänzen entwickelt hat. Um 1930 setzte in den USA eine Erneuerungsbewegung ein, die den Square dance als fröhliches Tanzvergnügen für jung und alt wieder populär machte. Die verschiedenen Figuren, die feststehende Namen haben („Dosado", „Handtour"), werden den Tanzenden von einem „caller" zugerufen. Begleitinstrumente sind meist Geige, Harmonika, Gitarre und Banjo.

Tanzvorschlag

Aufstellung zu vier Paaren im Square

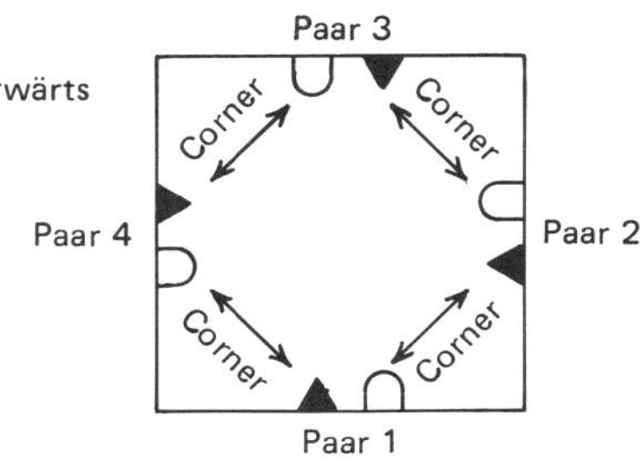

1. Strophe, Takt 1–8: 16 Gehschritte ←, zum Kreis durchgefaßt, bis zum Ausgangsplatz

Takt 9–12: Paar 1 und 3 gehen mit je 4 Schritten vorwärts aufeinander zu und rückwärts zum Ausgangsplatz

Takt 13–16: Paar 2 und 4 dasselbe

2. Strophe, Takt 1–4: „Dosado" mit dem Partner („Dosado" = die Partner stehen sich gegenüber und schauen sich an. Mit 8 Schritten gehen sie gleichzeitig einen Kreis umeinander herum, ohne ihre Front zu ändern. Zuerst beim Vorwärtsgehen die rechten Schultern aneinander vorbei, dann Rücken an Rücken, dann beim Rückwärtsgehen die linken Schultern aneinander vorbei, bis sie sich wieder gegenüber stehen)

Takt 5–8: „Dosado" mit dem Corner

Takt 9–12: „Handtour" rechts mit dem Partner („Handtour" = mit 8 Schritten am Platz herumgehen ↻, Finger der rechten Hand nach oben, Hände und Unterarme der Partner berühren sich)

Takt 13–16: „Handtour" ↺ mit dem Corner

3. Strophe, Takt 1–2: Die Partner fassen die inneren Hände, alle 4 Paare gehen mit 4 Schritten vorwärts zur Kreismitte

Takt 3–4: Die Tänzerinnen gehen mit 4 Schritten rückwärts zum Ausgangsplatz. Die Tänzer machen eine Vierteldrehung ↺ und gehen mit 4 Schritten vorwärts zum Corner.

Takt 5–8: zum Paarkreis fassen, Seitgalopp ↻

Takt 9–16: dasselbe wie Takt 1–8, nur mit dem Corner zur Kreismitte, die Tänzer eine Vierteldrehung ↻ und zurück zum Partner, Seitgalopp ↺

Komm zum Tanz, mein Mädchen

T und M: aus Ungarn

Tanzvorschlag

Kreis, Kreuzfassung hinten (nicht dem Partner, sondern dem Übernächsten die Hand geben, der rechte Arm liegt unter dem linken) oder V-Fassung

1. Strophe,	Takt 1:	Anstellschritt rechts, links; Hüpfer rechts, dabei linken Fuß leicht vor rechtem in der Luft kreuzen
	Takt 2:	2 Hüpfer links, rechts
	Takt 3:	3 Stampfer auf dem Platz, den Oberkörper leicht vorbeugen
	Takt 4–6:	wie Takt 1–3
	Takt 7–8:	wie Takt 1–2
	Takt 9:	wie Takt 1, nur ←, links beginnen
	Takt 10:	wie Takt 2, nur → und ←, rechts bzw. links beginnen
	Takt 11:	wie Takt 3

2. Strophe: dasselbe, aber zur anderen Seite und mit dem anderen Fuß beginnen

(Ulla Ellermann)

Im Winter is kalt

(Schnaderhüpfel)

T und M: volkstümlich

Wer findet weitere Texte?
Welches Versmaß liegt vor?

Beispiel für ein „Schnaderhüpfel". Schnaderhüpfel wurden früher im Alpenland oft als Einleitung zum Ländlertanz gesungen. Es sind Rundgesänge für einen Vorsänger, der scherzhafte Texte meist aus dem Stegreif erfindet, und für die beteiligte Gruppe, die in den Refrain einstimmt.
Die Bezeichnung wird von „Schnitterhüpfel" (Schnittertanz) oder von „schnattern" (schwatzen) hergeleitet.

Bumsdadadadada

T und M: aus Niederbayern

Eine Besonderheit in der Volksmusik stellt der „Zwiefache“ dar, der in der Oberpfalz und in Niederbayern häufiger als in anderen Landschaften überliefert ist. Der Reiz des Zwiefachen liegt im Taktwechsel, der hier diesem Schema folgt:

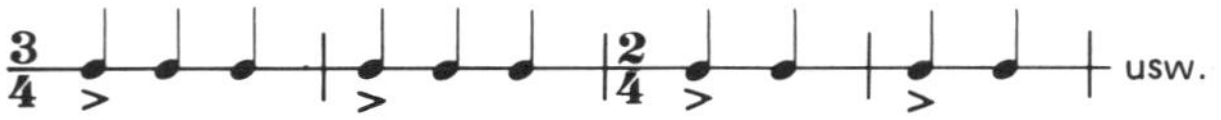

Hätt i di

Jodler im Kanon

T und M: aus Niederösterreich

Schlotfega

2. |: Schlotfega, Schlotfega, feg ma mein Schlot! :| Host ma mein Schlot schö g'fegt, s'Geld hob i a d'Stiagn hi g'legt. Schlotfega, Schlotfega feg ma mein Schlot!

T und M: aufgezeichnet von Hans Seidl (1. Strophe) und Vater Eberwein (2. Strophe)
Aus: Gesungene Zwiefache aus der Oberpfalz. Verlag Max Hieber, München

Über „Zwiefache" vgl. S. 224. Welches Taktschema liegt zugrunde?

Leit, Leit, Leitl müaßts lustig sei

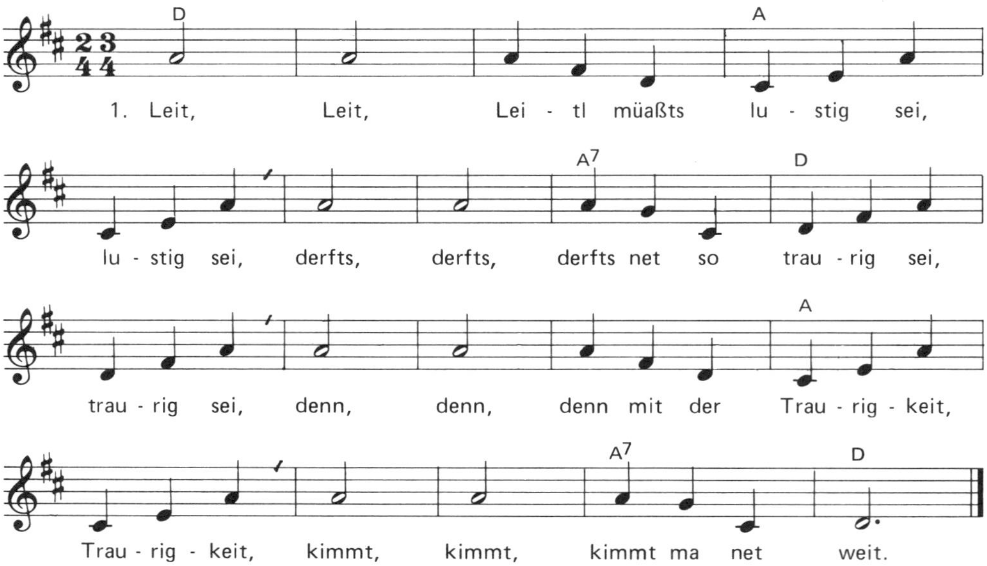

2. So, so, so wia der Acker is, Acker is, so, so grad aso san die Ruabn, san die Ruabn, so, so, so wia der Vater is, Vater is, so, so, so san die Buabn.
3. So, so, so wia die Muatta is, Muatta is, so, so, so san die Deandl gwiß, Deandl gwiß, oft, oft, oft sans no schöner heut, schöner heut und, und, und halb so gscheit.
4. Heint, heint, heint geh ma gar net hoam, gar net hoam, hockt, hockt, hockt die schwarz' Katz dahoam, Katz dahoam, schaut, schaut, schaut wia der Teifi aus, Teifi aus. Trau, trau, trau mi net z'haus.
5. Es, Es, Es Ce Ha Schubkarrnradl, Schubkarrnradl, s'Dirndl, s'Dirndl, s'Dirndl hat glei gar koane Wadl, gar koane Wadl. Es, Es, Es, Ce Ha Schubradlkarrn, Schubradlkarrn, Wadl, Wadl, Wadl kriagts erst morgn.
6. Gehts, gehts, gehts, Buama, gehn ma hoam, gehn ma hoam, was, was, was nutzt des Umaloahn, Umaloahn, was, was, was nutzt des Umasteh, Umasteh. Hoam, hoam, hoam müaß ma geh.

T und M: aus der Oberpfalz, leichte Textänderung in der 3. Strophe von Kurt Becher
Aus: H. Pommer, Lieder des deutschen Alpenvolkes. Zimmermann Verlag, Frankfurt am Main

Über „Zwiefache" vgl. S. 224.
Welches Taktschema liegt hier vor?

Springt der Hirsch

2. Sagt der Hirsch: Des is a Mo'[4], der eahm drei dri-drui-dre blitzbloblaue Brombeerblätterblattl obrocka ko.

1) bricht, pflückt
2) sich
3) auf der anderen Seite
4) Mann

Begleitung

Ländler (Vor- und Zwischenspiel)

T und M: aus Bayern
Begleitung und Ländler: Franz Möckl

Der Liedtext enthält nicht nur lustige Wortspiele, er gibt auch den alten Volksglauben wieder, daß der Hirsch mit Hilfe eines besonderen Kräutleins, dem Hirschwundkraut, selbst seine Wunden heilen könne.

Zu Regensburg auf der Kirchturmspitz

3. Und als sie nun gegessen hatt'n,
da waren sie voller Mut.
Da tranken ihrer neunzig,
ja neunmal neunundneunzig
aus einem Fingerhut.
Widewidewitt . . .

4. Und als sie nun getrunken hatt'n,
da kamen sie in die Hitz.
Da tanzten ihrer neunzig,
ja neunmal neunundneunzig
auf einer Nadelspitz.
Widewidewitt . . .

5. Und als sie nun getanzet hatt'n,
da gingen sie zur Ruh.
Da schliefen ihrer neunzig,
ja neunmal neunundneunzig
auf einem Halmen Stroh.
Widewidewitt . . .

6. Und als sie nun im Schlafe war'n,
da raschelt' eine Maus.
Da schlüpften ihrer neunzig,
ja neunmal neunundneunzig
zum Schlüsselloch hinaus.
Widewidewitt . . .

T und M: volkstümlich
S: Karl Haus

An der böhmisch'n Grenz

2. An der böhmisch'n Grenz, ja da wach'lt der Wind, dulije...
der wach'lt so kalt da in Eis'nstoa hint, dulije...

Zwischenspiel

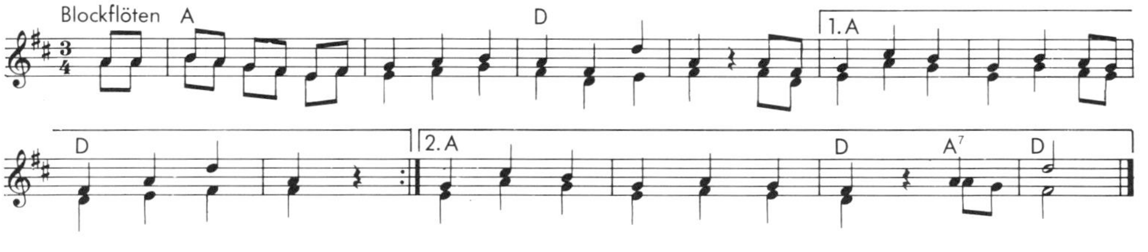

T und M: aus dem Bayerischen Wald
Zwischenspiel und S: Karl Haus

In Franken is schö

2. Die Würzburger Glocken, es Kulmbacher Bier,
die Bamberger Gartner senn a Schmuck unn a Zier.

3. Die Banzer Terrassen, es Schweinfurter Grü,
die Bareither Madla, da guck a mol hi!

4. Wie dick senn di Leut do unn gar auf der Rhön!
Do druckt kann der Schuh, weil sa barfüßig gehn.

Zwischen- und Nachspiel

T: Friedrich Hofmann
M: Franz Möckl
Zwischen- und Nachspiel: nach einem Tanzbuch von 1848
Aus: F. Möckl, Fränkisches Liederbuch. Gustav Bosse Verlag, Regensburg

Wer mit der Katz in Acker will

2. Wenn i a steinigs Äckerle hao ond au en stompfa Pfluag,
|: ond hao koi Riebale Brot drhoim, :| no han i z'kratzat gnuag, juchhe!
no han i z'kratzat gnuag.

3. Daß i a luschtig Bauer ben, das sieht mr an meim Haus:
|: Dr oine Giebel wacklat scho, :| dr ander isch scho naus, juchhe!
dr ander isch scho naus.

T und M: aus Schwaben

Ob i sing oder ob i pfeif

2. An der Schneid hats mir niemals gfehlt,
was mir fehlt, is meistens 's Geld,
doch i pfeif auf des ganze Geld,
hab i koi Schneid auf der Welt.

T und M: aus Schwaben

Und jetzt gang i ans Peters Brünnele

2. Und der Adam hat d'Liab erdacht und der Noah den Wein,
   und der David den Zitherschlag, 's müssen Steira g'wesen sein.

3. Kauft's mer ab mei schöns Büchserl, kauft's mer ab mei grean Hut,
   kauft's mer ab mei schöns Diandl, weil i einrücken muaß.

T und M: aus der Steiermark

Im Kehrreim: Jeder schlägt bei sich (oder einem Partner) bei der 1. Viertelnote jedes Taktes auf die Knie, bei Schlag 2 klatscht er in die eigenen Hände, und bei Schlag 3 knipst er mit den Fingern (oder klatscht gegen die geöffneten Hände des Partners). In der 2.(3.) Strophe wird das „gugu" zweimal (dreimal) gesungen und geschnalzt.

(Walter Layher)

Froh zu sein, bedarf es wenig

Kanon

T und M: volkstümlich
Ostinato: Karl Haus/Franz Möckl

Ha, ha, ha

(Lachkanon)

T: Fritz Jöde
M: Luigi Cherubini
Aus: F. Jöde, Der Kanon. Möseler Verlag, Wolfenbüttel und Zürich

Wenn die Bettelleute tanzen

2. Kommt man über eine Brücke, klappern sie mit Stock und Krücke.
Eia . . .
3. Kommt der Bauer vor die Türe, stehn da gleich ein Stücker viere.
Eia . . .
4. Kommen sie in eine Schänke, springen sie über Tisch und Bänke.
Eia . . .
5. Nun wohlan, ihr Schwestern, Brüder! Seid gescheit und legt euch nieder.
Eia . . .

[1]) Korb für Eßwaren

T und M: aus Schlesien

Ich armes, welsches Teufli

Kanon

T und M: volkstümlich

Mit Mädchen sich vertragen

Kanon

T: Johann Wolfgang von Goethe
M: Christian Lahusen
Aus: W. Gohl, Der Singkreis, Gesamtband 1–50. Musikverlag zum Pelikan, Zürich

Hab mein Wage vollgelade

2. Hab mein Wage vollgelade, voll mit Männern alten.
   Als wir in die Stadt 'neinkamen, murrten sie und schalten.
   Drum lad ich all mein Lebetage nie alte Männer auf mein Wage.
3. Hab mein Wage vollgelade, voll mit jungen Mädchen.
   Als wir zu dem Tor 'neinkamen, sangen sie durchs Städtchen.
   Drum lad ich all mein Lebetage nur junge Mädchen auf mein Wage.

T u M: aus den Niederlanden (17. Jahrhundert)
Rhythmische Fassung und S: Franz Möckl

Seit der Aufnahme des Liedes in das Liederbuch der Wandervogelbewegung „Der Zupfgeigenhansl" von Hans Breuer (1909) erfuhr es eine weite Verbreitung mit dem anonym hinzugefügten deutschen Text.
Die beiden letzten Takte wurden in der Singpraxis aus Gründen des metrischen Gleichgewichts (Viertaktgruppen!) angefügt. Auch der Taktwechsel weicht von der herkömmlichen Notation ab.

Dort drunt im schönen Ungarland

2. Das Roß, das mir mein Vater gab, ist all mein Gut, ist all mein Hab,
I: sein Heimat ist Magyar. :I
Es ist geschwind als wie der Wind, wie alle Heldenpferde sind
I: vom Blankensteinhusar. :I

3. Im letzten Dorf, da kehrt ich ein und trank dort den Tokajer Wein,
I: Tokajer aus Magyar. :I
Tokajer, du bist mild und gut, du bist das reinste Türkenblut
I: fürn Blankensteinhusar. :I

T und M: mündlich überliefert

1) sprich: madjar

Ein Mann, der sich Kolumbus nannt'

2. Als er den Morgenkaffee trank, da rief er fröhlich: „Gott sei Dank!"
Denn grad kam mit der Straßenbahn der span'sche König bei ihm an . . .

3. „Kolumbus", sprach er, „lieber Mann, du hast schon manche Tat getan.
Eins fehlt noch unsrer Gloria: Entdecke mir Amerika!" . . .

4. Gesagt, getan, ein Mann, ein Wort: Am selben Tag noch fuhr er fort.
Und eines Morgens schrie er: „Land! Wie deucht mir alles so bekannt!" . . .

5. Das Volk an Land stand stumm und zag, da sagt Kolumbus: „Guten Tag!
Ist hier vielleicht Amerika?" Da schrien alle Wilden: „Ja!" . . .

6. Da war'n die Wilden sehr erschreckt und schrien alle: „Wir sind entdeckt!"
Der Häuptling rief gleich: „Lieber Mann, bestimmt bist du Kolumbus dann!" . . .

T und M: volkstümlich

Es wollt' ein Schneider wandern

2. Der Schneider kam vor's Wirtshaus,
   darinnen möcht er sein. :| Sprach derselbe ...
   Darinnen möcht ich sein, da gibt's ein' guten Wein!
3. Der Schneider fing an zu saufen
   aus einem Fingerhut. :| Sprach derselbe ...
   Wie schmeckt der Wein so gut aus einem Fingerhut!
4. Der Schneider fing an zu tollen,
   er tollet hin und her. :| Sprach derselbe ...
   Wie macht der Wein so toll, wie macht der Wein so voll!
5. Der Schneider fing an zu sterben,
   die Seel' fuhr in die Geiß. :| Sprach derselbe ...
   Wie brennt die Höll' so heiß in meiner Schneidergeiß!

T und M: aus Franken
S: Franz Möckl

Jetzt fahrn wir übern See

2. Und als wir drüben warn,
da sangen alle Vöglein,
der helle Tag brach an.

3. Der Jäger blies ins Horn,
da bliesen alle Jäger,
ein jeder in sein Horn.

4. Das Liedlein, das ist aus,
und wer das Lied nicht singen kann,
der fang von vorne an.

* Wer in die Pausen hineinsingt, muß ein Pfand geben.

T und M: aus Böhmen

Come, follow me

Kanon

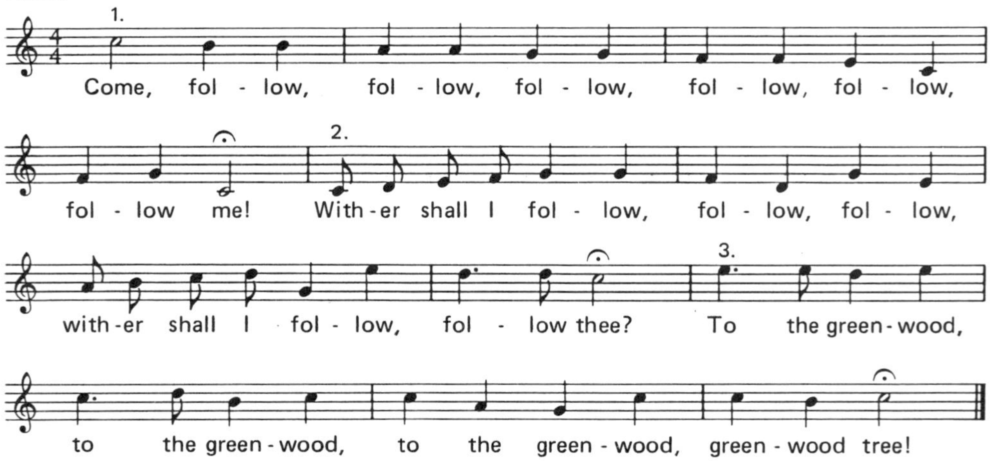

T und M: John Hilton
Aus: G. Young, Community Song Book. J. Curwen & Sons Ltd., London

Sweetly sings the donkey

Kanon

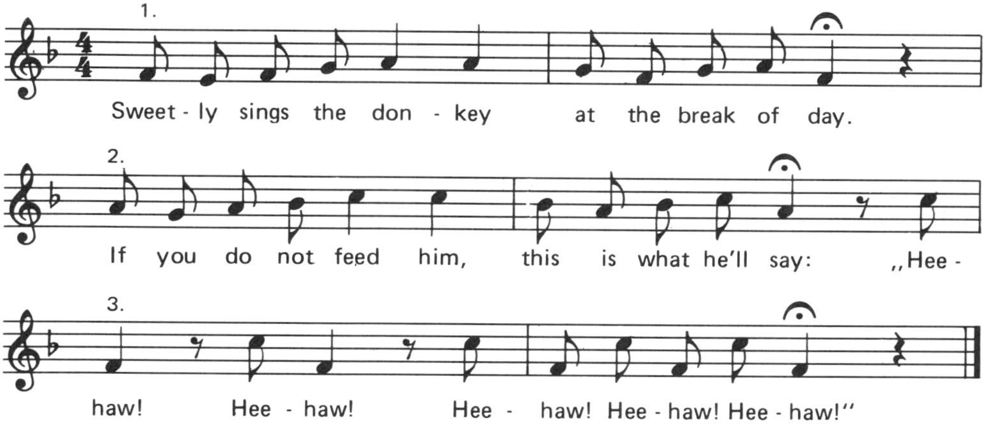

T und M: aus den USA

Der Melodieanfang ist ähnlich unserem Kinderlied ,,Spannenlanger Hansel''.

Old MacDonald had a farm

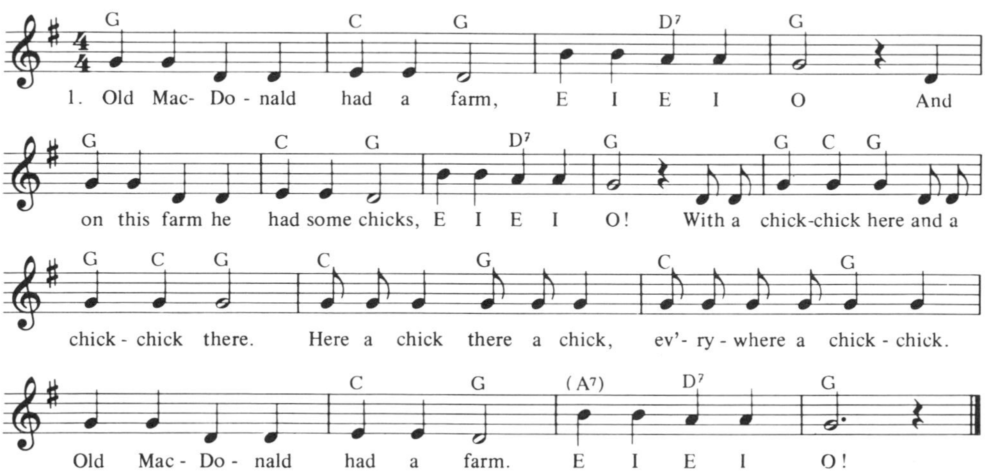

2. Turkeys (gobble) 3. Pigs (grunt) 4. Sheep (baa) 5. Cows (moo) 6. Ducks (quack)

T und M: aus den USA

For he's a jolly good fellow

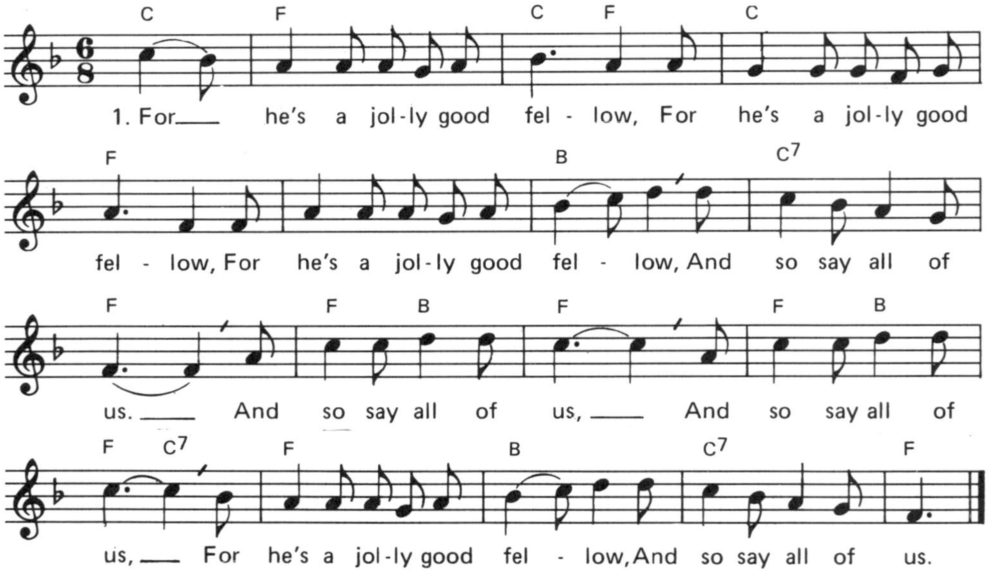

2. We won't go home until morning, *(3x)*
Till daylight doth appear! *(3x)*
We won't go home until morning,
Till daylight doth appear!

T und M: aus England

Im Walde von Toulouse

2. Es waren ihrer fünfzig, verborgen im Gebüsch.
3. Sie sprachen zueinander: „Schau nach, ob einer kommt!"
4. „Ich sehe einen kommen, der sitzt auf hohem Pferd!"
5. „Mein Herr, bleibt bitte stehen! Wo habt ihr euer Geld?"
6. „Ich hab's in meiner Börse, ich hab's in meinem Rock!"
7. „So gebt denn eure Börse, sonst legen wir euch um!"
8. „So nehmt denn meine Börse, doch laßt das Leben mir!"
9. Im gleichen Augenblicke, da kam die Polizei.
10. Da hoben alle Räuber ganz schnell die Hände hoch.
11. Im Walde von Toulouse gibt's keine Räuber mehr.

T und M: aus Frankreich
Deutscher Text: Ulrich Kabitz
Aus: U. Kabitz/J. Holzmeister, Der Eisbrecher. Fidula-Verlag, Boppard/Rhein

Auch szenisch darzustellen

Alouette, gentille Alouette

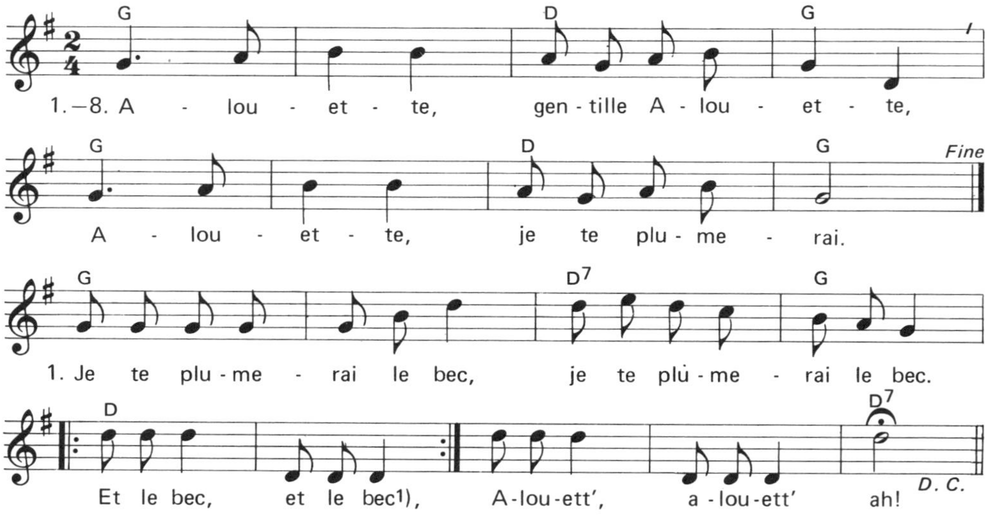

1. . . . le bec *(Schnabel)*
2. . . . les yeux *(Augen)*
3. . . . la tête *(Kopf)*
4. . . . le cou *(Hals)*
5. . . . les ailes *(Flügel)*
6. . . . le dos *(Rücken)*
7. . . . le ventre *(Bauch)*
8. . . . les pattes *(Füße)*

[1]) beliebig aufzählen

Übersetzung: Kleine liebliche Lerche, ich rupfe dich. Ich rupfe dir den (die) …

T und M: aus Frankreich und Französisch-Kanada

Miau, miau! Hörst du mich schreien

Miaou, miaou, la nuit dernière

Kanon

I: *Miaou, miaou, la nuit dernière,* :I: *j' entendais dans la goutière,* :I
I: *le chat de notre portière.* :I

T und M: aus Frankreich
Deutscher Text: Lieselotte Holzmeister
Aus: J. Holzmeister, Der Zündschlüssel. Fidula-Verlag, Boppard/Rhein

Will ein lustig Liedlein bringen

Io mi sono un poveretto

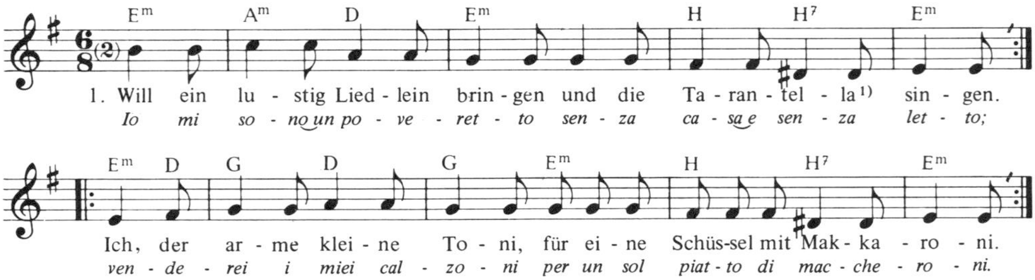

2. Hab' kein Geld in meiner Tasche, keinen Tropfen in der Flasche, brauch kein Bett aus Mahagoni, nur eine Schüssel mit Makkaroni.
3. Leichter wären wohl die Kriege und viel rascher auch die Siege, würden schießen die Canoni statt mit Granaten mit Makkaroni.
4. In der Welt wär viel mehr Liebe, und es gäbe keine Diebe, keine Gauner und Ladroni[2],hätt jeder jeden Tag Makkaroni.
5. Wie man Briefe drahtlos sende, das erfanden kluge Hände. Doch ganz schlicht aß auch Marconi nur eine Schüssel mit Makkaroni.
6. Hat mein Liedchen euch gefallen, komm ich wieder, sing euch allen neue Lieder und Canzoni[3]für eine Schüssel mit Makkaroni.

[1]) Tarantella = schneller italienischer Tanz aus der Gegend von Tarent
[2]) Ladroni = Straßenräuber
[3]) Canzoni = Gesänge

Aussprache:
ei = e - i
ca = ka
v = w
che = ke

T und M: aus Italien (Neapel)
Deutscher Text: Fritz Schröder
Aus: P. Arma, Europäische Volkslieder. Verlag Otto Maier, Ravensburg

La bella polenta

* Hier wird der Ablauf rückwärts wiederholt.

1. Quando si pianta (pflanzen) …
2. Quando si drizza (aufstellen) …
3. Quando si infiora (blühen lassen) …
4. Quando si taglia (schneiden) …
5. Quando si batte (schlagen) …
6. Quando si mole (mahlen) …
7. Quando si cuoce (kochen) …
8. Quando si mangia (essen) …

T und M: aus Italien

Der in diesem Lied beschriebene Lebenslauf der Maispflanze kann als Spiel mit entsprechenden Gesten dargestellt werden. Im 1.–7. Schluß („m-ta-ta") wird gehüpft oder im Kreis weitergegangen.

Ja, mein Schatz ist wunderschön

(2. Stimme auch 1 Oktave tiefer)

Als Vorspiel und zur Begleitung der Strophen vokal oder instrumental:

1. Gruppe

2. Sie ist edlem Weine gleich,
   leuchtend rot im Glase.
3. Ach, ihr Auge himmelblau
   läßt mich Wonne fühlen.
4. Ihrem elfengleichen Gang
   huldigt fast ein jeder.
5. Goldne Haare, zart und lind,
   hat sie, wie sonst keine.
6. Schöner wird sie jeden Tag,
   geht recht in die Breite.

2. Gruppe

Zwar sind ihre Wänglein bleich,
dafür glüht die Nase.

Sieht sie mich auch nicht genau,
dafür kann sie schielen.

Ist ihr Fuß auch etwas lang;
knapp ein halber Meter.

Daß es aber falsche sind,
weiß nur ich alleine.

Nehm sie, wer sie nehmen mag,
denn ich such das Weite.

T und M: aus Finnland
Deutscher Text: Rose Köpfer
Fidula-Verlag, Boppard/Rhein
S: Kurt Suttner
Aus: Lied & Song. Hrsg. vom Verband Bayerischer Schulmusikerzieher. Verlag Max Hieber, München

Lauf, mein Pferdchen

2. Auf dich wartet süßer Hafer, auf mich wartet 's Mütterlein.
Tralala, tralala, auf mich wartet 's Mütterlein.

T und M: Kinderlied aus Litauen
Deutscher Text: Anneliese Schmolke
Aus: A. Schmolke/H. Bergese, Schulwerk für Musik – Spiel – Tanz. Möseler Verlag, Wolfenbüttel und Zürich

Als zum Wald Petruschka ging

2. Plötzlich stand Kathinka da. Er küßt sie, und sie sagt „Ja!“
Und Petruschka war ganz verliebt mit Haut und Haar.

3. Und sie sprach beim Finkenschlag: „Morgen ist mein Namenstag.
Komm, Petruschka mein! Morgen gibt es Schnaps und Wein!“

4. Bei Kathinkas Fest man bot Wodka, Wein und Zuckerbrot.
Doch Petruschka kam nicht zum Fest als Bräutigam.

5. Die Kathinka ärgert sich, daß er sie so ließ im Stich.
O, Petruschka, das war durchaus kein guter Spaß!

6. Vetter Michel kommt herbei, tröstet sie und trinkt für zwei.
O, Petruschka, schau: Nun wird Katja Mischas Frau!

T und M: aus Rußland (Ukraine)
Deutscher Text: Fritz Schröder
Aus: P. Arma, Europäische Volkslieder. Otto Maier Verlag, Ravensburg

Petruschka ist dem deutschen Kasperle oder Hanswurst, dem französischen Pierrot und dem italienischen Bajazzo (Pagliaccio) ähnlich.

Stoyan nimmt ein braves Weib

2. Backen freilich mocht' sie nicht – doch beim Essen fehlt sie nicht.
3. Hausarbeit sagt ihr nicht zu – bleibt im Bett und pflegt der Ruh!
4. Wozu koch ich meinem Mann – solang Milch er trinken kann?

Begleitung

T und M: aus Jugoslawien
Deutscher Text: Siegfried Spring
Aus: K. Aichele/B. Binkowski, Unser Liederbuch, Mittelstufenband.
Metzlersche Verlagsbuchhandlung, Stuttgart
Begleitung: Franz Möckl

Balladen und erzählende Lieder, Moritaten und Bänkelgesänge

Es reiten drei Reiter zu München hinaus

2. „Bist du dann darinnen, so reite heraus! Der Herzog ist draußen vor ihrem Haus, mit allem seinem Hofgesinde, ja Hofgesinde."
3. Sobald die Bernauerin vors Thor hinaus kam, drei Herren gleich die Bernauerin vernahm'n: „Bernauerin, was willst du machen, ja machen?
4. Ei willst du lassen den Herzog entweg'n, oder willst du lassen dein jung frisches Leb'n, ertrinken im Donauwasser, ja Wasser?"
5. „Und eh ich will lassen mein'n Herzog entweg'n, so will ich lassen mein jung frisches Leb'n, ertrinken im Donauwasser, ja Wasser."
6. Es stunde kaum an den dritten Tag, dem Herzog kam eine traurige Klag, Bernauerin ist ertrunken, ja ertrunken.
7. Sie legen s' dem Herzog wohl auf den Schoß, der Herzog wohl viel tausend Thränen vergoß, er tät gar herzlich weinen, ja weinen.
8. „So rufet mir her fünftausend Mann! Einen neuen Krieg will ich fangen an mit meinem Herrn Vater eben, ja eben."
9. Es stunde kaum an den dritten Tag, dem Herzog eine traurige Klag: sein Vater ist gestorben, ja gestorben.
10. „Die mir helfen meinen Herrn Vater begrab'n, rote Mäntel müssen sie hab'n, rot müssen sie sich tragen, ja tragen.
11. Und die mir helfen mein feines Lieb begrab'n, schwarze Mäntel müssen sie hab'n, schwarz müssen sie sich tragen, ja tragen.
12. So wollen wir stiften eine ewige Meß, daß man der Bernauerin nicht vergeß, man wölle für sie beten, ja beten!"

Aus: L. Erk/F. M. Böhme, Deutscher Liederhort. Leipzig 1893

Die Ballade „Die schöne Bernauerin" hat einen historischen Hintergrund. 1435 ließ Herzog Ernst von Bayern die aus dem Bürgerstand stammende Frau seines Sohnes Albert, die Baderstochter Agnes Bernauer, wegen Schwierigkeiten in der legitimen Thronfolge als „Hexe" in der Donau ertränken. Albert söhnte sich zwei Jahre später mit dem Vater aus und heiratete standesgemäß Anna von Österreich.

Zogen einst fünf wilde Schwäne

2. |: Wuchsen einst fünf junge Birken grün und frisch am Ostseestrand. :||: »Sing, sing! Was geschah?« Keine in Blüten stand. :|

3. |: Zogen einst fünf junge Burschen stolz und kühn zum Kampf hinaus. :||: »Sing, sing! Was geschah?« Keiner kehrt' mehr nach Haus.:|

4. |: Wuchsen einst fünf junge Mädchen schön und schlank am Memelstrand. :||: »Sing, sing! Was geschah?« Keines den Brautkranz wand. :|

T und M: aus Litauen
Deutscher Text: Karl Plenzat
Aus: K. Plenzat, Der Liederschrein. Verlag Friedrich Hofmeister, Hofheim a. Ts.
S: Franz Möckl

Es fiel ein Reif

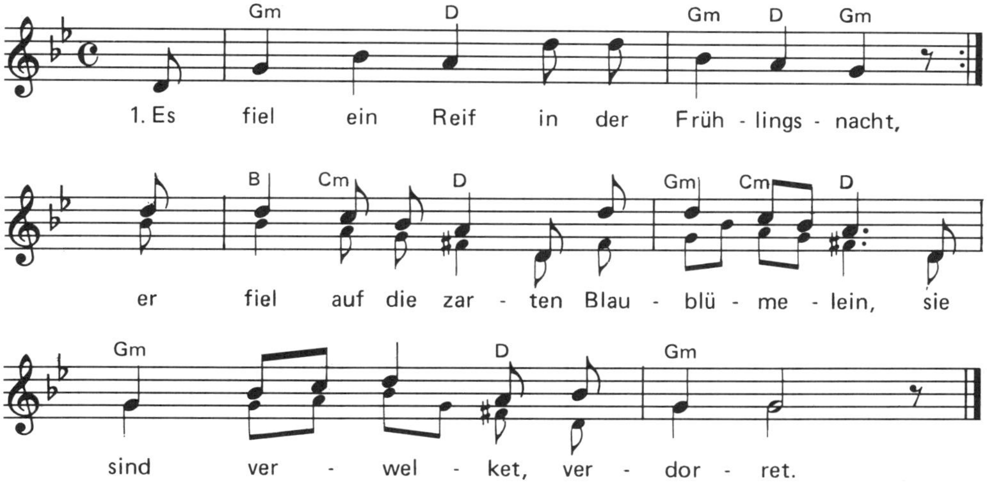

2. Ein Jüngling hatt' ein Mägdlein lieb; sie flohen gar heimlich von Hause fort, es wußt's weder Vater noch Mutter.
3. Sie sind gewandert hin und her, sie haben gehabt weder Glück noch Stern, sie sind verdorben, gestorben.
4. Auf ihrem Grab Blaublümlein blüh'n, umschlingen sich zart wie sie im Grab, der Reif sie nicht welket, nicht dörret.

T: Anton Wilhelm Florentin von Zuccalmaglio nach einer Aufzeichnung aus dem Bergischen Land
M: nach der elsässischen Aufzeichnung des Volkslieds „Es fuhr ein Fuhrknecht" (1807)
S: Karl Haus

Es waren zwei Königskinder

2. »Ach Liebster, kannst du nicht schwimmen, so schwimme doch her zu mir, drei Kerzen will ich dir anzünden |: und die sollen leuchten dir!« :|

3. Das hört eine falsche Nonne, die tat, als wenn sie schlief, die tät die Kerzen ausblasen, |: der Jüngling ertrank so tief. :|

4. Ein Fischer wohl fischte lange, bis er den Toten fand: »Sieh da, du liebliche Jungfrau, |: hast hier deinen Königssohn!« :|

5. Sie nahm ihn in ihre Arme und küßt' ihm den bleichen Mund, es mußt' ihr das Herze brechen, |: sie sank in den Tod zur Stund'. :|

T und M: um 1800, nach Ludwig Erk: Deutscher Liederhort, Berlin 1856
S: Rudolf Kirmeyer

Die „Schwimmer-Sage" ist schon seit dem 15. Jahrhundert bekannt und in zahlreichen Ausformungen überliefert. Hier eine Variante aus dem Gebiet vom Niederrhein:

Es führt über den Main

2. Kommt ein Fuhrmann daher, hat geladen gar schwer, seiner Rösser sind drei, und sie tanzen vorbei. Falala ...
3. Und ein Bursch ohne Schuh und in Lumpen dazu, als die Brücke er sah, ei, wie tanzte er da. Falala...
4. Kommt ein Mädchen allein auf die Brücke von Stein, faßt ihr Röckchen geschwind, und sie tanzt wie der Wind. Falala ...
5. Und der König in Person steigt herab von seinem Thron, kaum betritt er das Brett, tanzt er gleich Menuett. Falala ...
6. Liebe Leute, herbei! Schlagt die Brücke entzwei! Und sie schwangen das Beil, und sie tanzten derweil. Falala ...
7. Alle Leute im Land kommen eilig gerannt: Bleibt der Brücke doch fern, denn wir tanzen so gern. Falala ...
8. Es führt über den Main eine Brücke von Stein, wir fassen die Händ, und wir tanzen ohn End. Falala ...

T: Volksliedtext, ergänzt von Felicitas Kukuck
M: Felicitas Kukuck
Aus: G. Wolters, Das singende Jahr III/26. Möseler Verlag, Wolfenbüttel und Zürich

Es saß ein schneeweiß Vögelein

2. |: »Sag, willst du nicht mein Bote sein?« :||: »Ich bin ein zu klein Vögelein!« Din don ... :|
3. |: Es nahm den Brief in seinen Mund :||: und flog mit über Waldesgrund. Din don ... :|
4. |: Es flog hin vor meines Süßliebs Tür: :||: »Schläfst oder wachst, oder bist du tot?« Din don ... :|
5. |: »Ich schlafe nicht, ich wache nicht, :||: ich bin getraut wohl ein halb Jahr.« Din don ... :|
6. |: »Bist du getraut wohl ein halb Jahr, :||: es däuchte mich wohl tausend Jahr.« Din don ... :|

T und M: aus Flandern (16. Jahrhundert), nach L. Erk/F. M. Böhme, Deutscher Liederhort, Leipzig 1893

Schwesterlein, Schwesterlein

Im Wechselgesang

2. „Schwesterlein, Schwesterlein, wohl ist es Zeit." „Mein Liebster tanzt mit mir, geh ich, tanzt er mit ihr, Brüderlein, Brüderlein, laß du mich heut."
3. „Schwesterlein, Schwesterlein, was bist du so blaß?" „Das macht der Morgenschein auf meinen Wängelein, Brüderlein, Brüderlein, die vom Taue naß."
4. „Schwesterlein, Schwesterlein, du wankest so matt." „Suche die Kammertür, suche mein Bettlein mir, Brüderlein, es wird fein unterm Rasen sein."

T und M: Anton Wilhelm Florentin von Zuccalmaglio

Zuccalmaglio greift in seinem Liedschaffen gern vorhandene Volksweisen auf und arbeitet sie in seine Melodiefassungen ein. So ist hier der Mittelteil identisch mit dem des fränkischen Volksliedes „Laß doch der Jugend ihren Lauf".
Johannes Brahms hat viele von Zuccalmaglio überlieferte Lieder als Solo- oder Chorlieder bearbeitet. In seiner Fassung des obigen Liedes will er den nächtlichen Tanz mit dem Tod immer leiser und langsamer vorgetragen haben.

Lorelei

2. Die schönste Jungfrau sitzet
dort oben wunderbar;
ihr goldnes Geschmeide blitzet,
sie kämmt ihr goldenes Haar.
Sie kämmt es mit goldenem Kamme
und singt ein Lied dabei,
das hat eine wundersame,
gewaltige Melodei.

3. Den Schiffer im kleinen Schiffe
ergreift es mit wildem Weh,
er schaut nicht die Felsenriffe,
er schaut nur hinauf in die Höh. –
Ich glaube, die Wellen verschlingen
am Ende Schiffer und Kahn,
und das hat mit ihrem Singen
die Lorelei getan.

T: Heinrich Heine
M: Friedrich Silcher
Gitarrenbegleitung nach F. Silcher, Satz für Männerchor

Tom Dooley

2. This time tomorrow,
   Reckon where I'll be?
   If it hadn't been for Grayson,
   I'd a-been in Tennessee.
   Hang down . . .

3. This time tomorrow,
   Reckon where I'll be?
   Down in some lonesome valley,
   Hangin' from a white oak tree.
   Hang down . . .

T und M: aus den USA

Tom Dooley wurde 1868 gehängt, als Strafe für den Mord an seiner früheren Geliebten Laura Foster, die er wegen einer anderen Frau verlassen hat.

Schön ist die Jugend

2. Es blühen Rosen, es blühen Nelken,
   es blühen Blumen, sie welken ab.
3. Es wächst ein Weinstock, und der trägt Reben,
   und aus den Reben fließt edler Wein.
4. Vergangne Zeiten, kehrn niemals wieder,
   verschwunden ist das junge Blut.
5. Doch, wenn die Alten das Glas erheben,
   dann kehrt noch einmal die Jugend ein.

T und M: volkstümlich

Das Lied ist ein Beispiel für die zahlreichen volkstümlichen Liedproduktionen im 19. Jahrhundert mit der typischen Dreiklangs- und Septakkordmelodik, die sich großer Beleibtheit erfreute. Als Ausdruck sentimentaler Empfindung werden die Intervalle der großen Sexte und der kleinen Septime besonders bevorzugt.

Herr Hadubrand

2. Einst traf er an ein Mägdulein und ging mit ihr Verlobung ein.
Dabei war er ein finstrer Mann, den niemand richtig leiden kann.
Mägdulein, sei nicht dumb, laß ihn laufen, diesen Lump!

3. Der Ritter hat in einer Nacht ihr ganz Vermögen umgebracht.
Darauf verstieß er sie sofort, obwohl er Treue ihr geschwort.
Sie sofort, sie sofort, obwohl Treue er geschwort.

4. Das Mägdlein weint und heulte sehr, so wie man heute weint nicht mehr.
Doch drunten an dem Ritterschloß, da floß vorbei ein tiefer Floß.
In den Floß, in den Floß sich das arme Mägdelein schmoß.

5. Der Ritter lag in seiner Kammer gerad im allertiefsten Schlammer.
Da plötzlich trat um punkt zwölf Uhr ein riesiges Gespenst hervur.
Ein Gespenst, riesengroß, das war das Fräulein auf dem Schloß.

6. Der Ritter zittert, und es grinst ihn an das schreckliche Gespinst.
Schnell zog er über Kopf und Wanst die Bettdeck vor dem Schreckgespanst.
Das Gespenst, das Gespunst auf den Ritter grinst und grunzt.

7. So kam der Spuk nun jede Nacht, hat an dem Ritter sich geracht.
Da half nicht Geld noch Zauberkunst, stets kam und heulte das Gespunst:
Hadubrand, Hadubrand, pfui, pfui Teufel! – und verschwand.

8. Gespensterspuk bei Nacht und Graus hält selbst ein Rittersmann nicht aus.
Drum lag er eins Tags in der Fruh maustot auf seinem Kanapu.
Und so ward, kaum vollbracht, furchtbarlich die Tat geracht.

T und M: aus Deutschland
Fassung: Ulrich Kabitz
Aus: U. Kabitz/J. Holzmeister, Der Eisbrecher. Fidula-Verlag, Boppard/Rhein

Sabinchen war ein Frauenzimmer

3. Sein Geld hat er versoffen in Schnaps und auch in Bier.
Da kam er zu Sabinchen geloffen und wollte welches von ihr.

4. Sie konnte ihm keines geben, da stahl er auf der Stell
von ihrer guten Dienstherrschaft sechs silberne Blechlöffel.

5. Jedoch nach achtzehn Wochen, da kam der Diebstahl raus.
Da jagte man mit Schimpf und Schande Sabinchen aus dem Haus.

6. Sie rief: „Verfluchter Schuster, du rabenschwarzer Hund!"
Da nahm er sein Rasiermesser und schnitt ihr ab den Schlund.

7. Das Blut zum Himmel spritzte, Sabinchen fiel gleich um.
Der böse Schuster aus Treuenbrietzen, der stand um ihr herum.

8. In einem dunklen Keller, bei Wasser und bei Brot,
da hat er endlich eingestanden die grausige Moritot.

9. Und die Moral von der Geschichte: Trau keinem Schuster nicht!
Der Krug, der geht so lange zum Wasser, bis daß der Henkel bricht.

T und M: aus Deutschland

Diese Moritatenparodie entstand um 1840 in Berlin. Die 1. und 9. Strophe werden auf die gleiche Melodie gesungen, alle anderen auf die Melodie der 2. Strophe.

Es war ein Schütz
(Jennerwein-Lied)

2. Auf hartem Fels hat er sein Blut vergossen,
und auf dem Bauche liegend fand man ihn:
Von hinten war er angeschossen,
zerschmettert war sein Unterkinn.

3. Du feiner Jäger, das ist eine Schande
und bringet dir gewiß kein Ehrenkreuz:
Er fiel gar nicht im offnen Kampfe,
der Schuß von hinten her beweist's!

4. Man brachte ihn ins Tal und auf den Wagen,
bei finstrer Nacht ging es sogleich noch fort,
begleitet von den Kameraden,
nach Schliersee, seinem Lieblingsort.

5. Dort ruht er sanft im Grabe wie ein jeder
und wartet stille auf den Jüngsten Tag.
Dann zeigt uns Jennerwein den Jäger,
der ihn von hint erschossen hat.

6. Und zum Gericht am großen Jüngsten Tage
putzt jeder 's Gwissen und auch das Gewehr:
Marschiern d'Jager samt die Förster
aufs Gamsgebirg zum Luzifer.

7. Und nun zum Schlusse Dank noch den [Vetranen,
die ihr den Trauermarsch so schön gespielt!
Ihr Jäger, laßt euch nur ermahnen,
daß keiner mehr von hinten zielt!

8. Denn auf den Bergen, ja da gilt die Freiheit,
ja auf den Bergen ist es gar so schön,
allwo auf grauenhafte Weise
der Jennerwein zugrund mußt gehn.

T und M: aus Bayern

Das Schicksal des Holzknechts Georg Jennerwein aus Westerhofen-Schliersee, der 1877 von dem Jagdgehilfen Pföderl auf der Bodenschneit als Wilderer erschossen wurde, hat die besondere Anteilnahme der Bevölkerung gefunden und deren Phantasie stark angeregt: Es entstand eine Moritat, die sich bis auf den heutigen Tag lebendig erhalten hat.

Johann Gottlieb Seidelbast

2. Bis abends |: um halb zehn :| konnte man die |: beiden sehn, :|
knutschen sich, daß |: alles kracht, :| keine Schular-|: beit gemacht. :|

3. Da gab der |: Rektor drum :| ihm das Kon-|: silium, :|
der Vater |: ihn enterbt :| und ihm das |: Fell vergerbt. :|

4. Johann Gottlieb |: Seidelbast :| hängte sich an |: einen Ast, :|
die Zunge streckt |: der Schuft raus, :| bis ihm die |: Luft geht aus. :|

5. Elisa-|: bethula, :| als sie ihn |: hängen sah, :|
ward ihr gram das |: Leaben, :| hängte sich da-|: neaben. :|

6. Die Moral von |: der Geschicht', :| liebe kleine |: Mädchen nicht, :|
sonst geht's dir wie |: diesen :| Gottlieb und E - |: liesen. :|

T und M: aus Deutschland

Zu Grünwald im Isartal

2. Hatt' ein Ritter den Katarrh,
damals warn die Mittel rar,
er hat der Erkältung trotzt,
hat in seine Rüstung g'rotzt.

3. So ein alter Rittersmann
hatte sehr viel Eisen an,
die meisten Ritter, I muaß sag'n,
hat deshalb der Blitz erschlag'n.

4. Zu Grünwald die Rittersleut
leb'n nicht mehr seit langer Zeit,
nur die Geister von densölben
spuken nachts in den Gewölben.

T und M: Karl Valentin
Verlag Max Hieber, München

Wir sind des Geyers schwarze Haufen

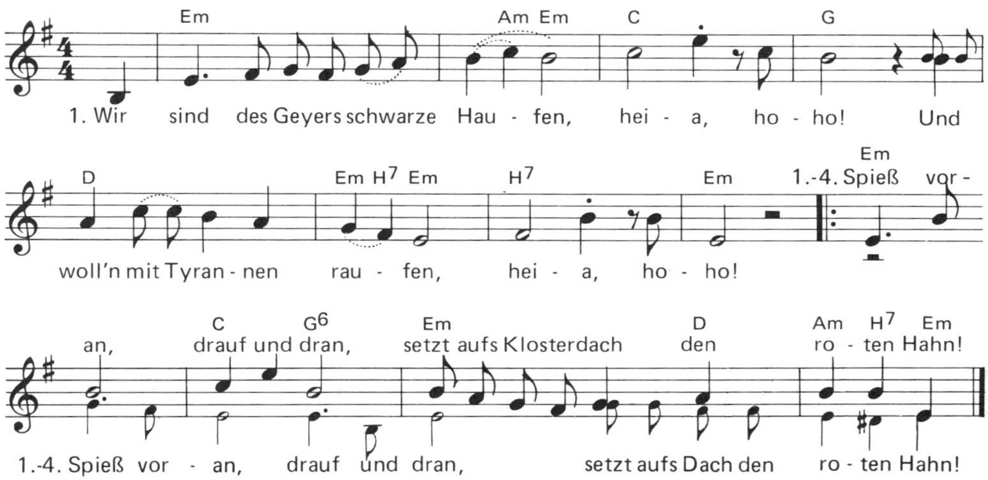

2. Uns führt der Florian Geyer an, trotz Acht und Bann, den Bundschuh führt er in der Fahn, trotz Acht und Bann. Spieß voran . . .
3. Bei Weinsberg setzt es Brand und Stank, hei-a, ho-ho! Gar mancher über die Klinge sprang, heia, hoho! Spieß voran . . .
4. Geschlagen ziehen wir nach Haus, heia, hoho! Unsre Enkel fechtens besser aus, heia, hoho! Spieß voran . . .

T: nach H. von Reder, 1885
M: aus dem Bauernkrieg, 1525 · Fassung: Fritz Sotke
Aus: F. Sotke, Unsere Lieder. Sauerland-Verlag, Iserlohn
S: Karl Haus/Franz Möckl

Der fränkische Ritter Florian Geyer schloß sich 1525 den aufständischen Bauern an und führte den „Schwarzen Haufen“. Der „Bundschuh“ ist ein mit Riemen gebundener Bauernschuh, Feldzeichen der Aufständischen.

Es ging ein Landsknecht

2. Er kam für eines Wirtes Haus,
in aller Maß wie vor,
die Wirtin schaut zum Fenster aus.
Dannoch noch viel weiter mehr . . .

3. „Frau, seid ihr so gewaltig wohl,
in aller Maß wie vor,
daß ihr den Gast beherbern wollt?"
Dannoch noch viel weiter mehr . . .

4. „Ja, so gewaltig bin ich wohl,
in aller Maß wie vor,
daß ich den Gast beherbern wollt."
Dannoch noch viel weiter mehr . . .

5. Der Wirt, der kam wohl in das Haus,
in aller Maß wie vor,
und jagt den Gast zum Fenster naus.
Dannoch noch viel weiter mehr . . .

Vor- und Zwischenspiel

T und M: bei Hans Ott, Nürnberg 1534
Fassung und S: Karl Haus/Franz Möckl

Und unser liebe Frauen

2. Und unser liebe Frauen vom kalten Bronnen, bescher uns armen Landsknecht eine warme Sonnen! Damit wir nicht erfrieren, ziehn wir dem Bauersmann sein wollen Hemd vom Leibe; das steht ihm übel an. Und die Trummen . . .

3. Und unser liebe Frauen vom kalten Bronnen, bescher uns armen Landsknecht eine warme Sonnen, damit wir endlich finden vor aller Arbeit Ruh! Der Teufel hol das Saufen, das Raufen auch dazu! Und die Trummen . . .

4. Wir schlucken Staub beim Wandern, der Beutel hängt uns hohl; der Kaiser schluckt ganz Flandern, bekomm's ihm ewig wohl. Er denkt beim Länderschmause, wie er die Welt erwürb; mir liegt ein Lieb zu Hause, das weinte, wenn ich stürb. Und die Trummen . . .

5. Der Trommler schlägt Parade, die Seidenfahnen wehn. Jetzt heißt's auf Glück und Gnade ins Feld marschieren gehn. Das Korn wogt auf den Feldern, es schnappt der Hecht im Strom. Der Wind weht heiß von Geldern hinauf 'gen Berg op Zoom. Und die Trummen . . .

T (1. Strophe) und M: Landsknechtslied aus dem 16. Jahrhundert
Aus: Georg Forster, Frische teutsche Liedlein, Bd. 5. Nürnberg 1556
T (2. und 3. Strophe): aus neuerer Zeit – (4. und 5. Strophe): Prinz Schoeneich-Carolath 1910

[1]) wahrscheinlich auf die Schutzheilige oder auf ein Gnadenbild bezogen

Das Verhältnis des Menschen zu Krieg und Soldatentum findet in zahlreichen Liedern seinen Niederschlag. Frühe Beispiele sind die Landsknechtslieder des 15. bis 17. Jahrhunderts, in denen Erlebnishaftes, oft in derber Form, oder die Verherrlichung dieses Standes, aber auch die Fürbitte um Bewahrung bei Gefahr besungen werden. Im Rhythmus der Lieder kommt der ungleiche, schwerfällige Marschtritt der „Haufen" zum Ausdruck. Stufenmelodik und kirchentonartliche Bindungen lassen die Verwandtschaft zu den weltlichen und geistlichen Liedern dieser Zeit erkennen.

Es geht wohl zu der Sommerzeit

2. Unser Hauptmann, der mahnet auf, dazu rührt man das Spiel. Alsdann so zeucht der ganze Hauf, ist unser aller Will, greifen den Feind stark an; da sieht man manchen Mann mit Schießen, mit Spießen ritterlich fechten frei. Uns kommt zu Hilf also geschwind die löblich Reiterei.
3. Wann der Feind überwunden ist, zeucht man dem Lager zu, sieht man, was übrig ist zur Frist und hat die Welt kein Ruh; erst geht das Klagen an: Wo ist blieben mein Gspan[1])? Wir haben begraben, ihn funden tot allein. Hilft nichts! Es ist einmal gewiß: Es muß gestorben sein.
4. Wir wollen sie ohn allen Spott bestatten zu der Erd. Ihnen woll sein genädig Gott, der sie wieder verklärt! Auf Reisspießen[2]) zum Grab wolln wir sie tragen ab, einscharren und harren, wann uns auch trifft die Zeit; mit Tromml und Pfeifen wohlgemut ihnen geben das Geleit.

[1]) Gefährte, Kamerad [2]) Reiterspieß

T und M: Landsknechtslied aus dem Dreißigjährigen Krieg

Wer jetzig Zeiten leben will

2. Nur Geld regiert die ganze Welt, dazu verhilft Betrügen; wer sonst sich noch so redlich hält, muß doch bald unterliegen. Rechtschaffen hin, rechtschaffen her, das sind nur alte Geigen: Betrug, Gewalt und List vielmehr, klag du, man wird dir's zeigen!

3. Doch wie's auch kommt das arge Spiel, behalt ein tapfers Herze! Und sind der Feind auch noch so viel, verzage nicht im Schmerze! Steh gottgetreulich, unverzagt in deiner blanken Wehre: Wenn sich der Feind nun an uns wagt, es geht um Gut und Ehre!

T und M: aus dem 17. Jahrhundert, nach einem von Franz Wilhelm Freiherrn von Ditfurth veröffentlichten handschriftlichen Liederbuch

Wir zogen in das Feld

2. |: Wir kamen vor Siebentod, :| da hättn wir weder Wein noch Brot. Strampedemi! Alami . . .

3. |: Wir kamen vor Friaul, :| da hättn wir allesamt groß Maul, Strampedemi! Alami . . .

4. |: Wir kamen vor Benevent, :| da hätt all unsre Not ein End. Strampedemi! Alami . . .

*) Landknechtswelsch, zu deutsch etwa: „Wenn sie mich gut zahlen, steh ich Ihnen zu Diensten, werter Herr!"

Refrain: Statt Satz auch 2stg. Kanon möglich. Zweiter Einsatz nach einem Takt.
Auch in Moll zu singen: ♭♭♭

T: Landsknechtslied aus dem 16. Jahrhundert
M: Dieses Lied wurde nach einer alten Pfeiferweise gebildet und zur Zeit der Kämpfe der Liga von Cambrai gegen Venedig (1509–1517) gesungen.
Aus: Lied & Song. Hrsg. vom Verband Bayerischer Schulmusikerzieher. Verlag Max Hieber, München

Freiheit, die ich meine

2. Auch bei grünen Bäumen in dem luftgen Wald,
   unter Blütenträumen ist dein Aufenthalt.
   Ach, das ist ein Leben, wenn es weht und klingt,
   wenn dein stilles Weben wonnig uns durchdringt.

3. Wo sich Gottes Flamme in das Herz gesenkt,
   das am alten Stamme treu und liebend hängt,
   wo sich Männer finden, die für Ehr und Recht
   mutig sich verbinden, weilt ein frei Geschlecht.

[1] liebe (meine = minne; mhd.)

T: Max von Schenkendorf
M: Karl Groos
S: Karl Haus/Franz Möckl

Text und Melodie dieses Freiheitsliedes entsprechen ganz dem überschwenglichen Pathos, mit dem weite Volkskreise das Ende der Herrschaft Napoleons und zugleich ein geeintes deutsches Vaterland herbeisehnten.

Prinz Eugen

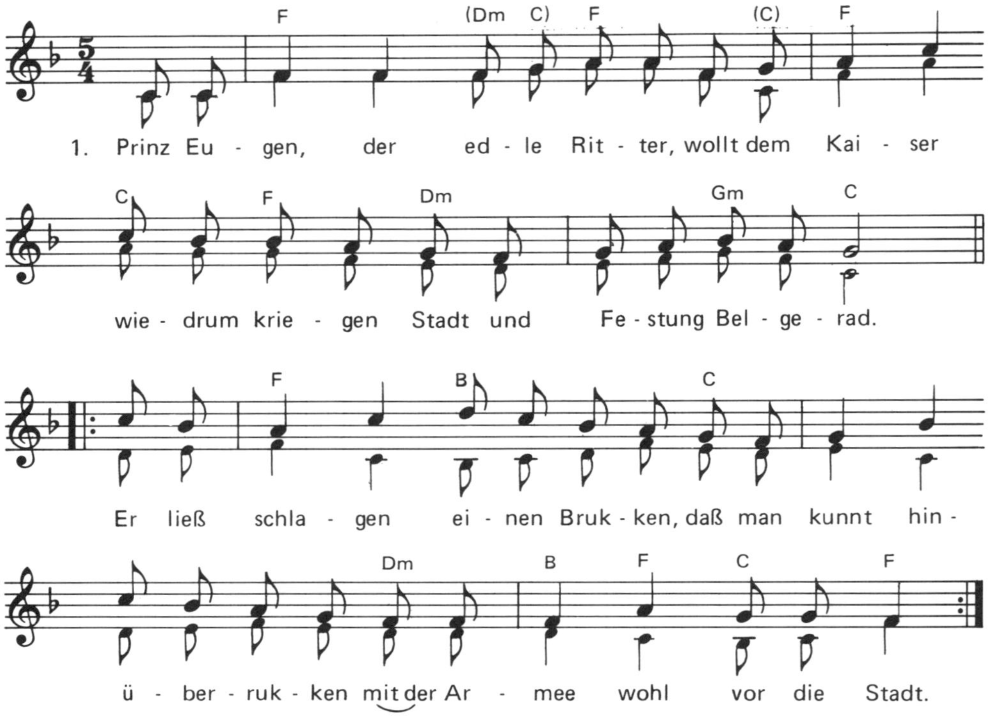

2. Als der Brucken nun war geschlagen,
daß man kunnt mit Stuck[1] und Wagen
frei passiern den Donaufluß,
bei Semlin schlug man das Lager,
alle Türken zu verjagen,
ihn'n zum Spott und zum Verdruß.

3. Am einundzwanzigsten August soeben
kam ein Spion bei Sturm und Regen,
schwurs dem Prinzen und zeigts ihm an,
daß die Türken futragieren[2],
soviel als man kunnt verspüren,
an die dreimalhunderttausend Mann.

4. Als Prinz Eugenius dies vernommen,
ließ er gleich zusammenkommen
sein' Gen'ral und Feldmarschall;
er tät sie recht instruieren,
wie man soll die Truppen führen
und den Feind recht greifen an.

5. Bei der Parole tät er befehlen,
daß man sollt die Zwölfe zählen
bei der Uhr um Mitternacht;
da sollt all's zu Pferd aufsitzen,
mit dem Feinde zu scharmützen[3],
was zum Streit nur hätte Kraft.

6. Alles saß auch gleich zu Pferde,
jeder griff nach seinem Schwerte,
ganz still rückt man aus der Schanz.
D'Musketier wie auch die Reiter
täten alle tapfer streiten,
's war fürwahr ein schöner Tanz.

7. Ihr Konstabler[4] auf der Schanzen,
spielet auf zu diesem Tanzen
mit Kartaunen[5] groß und klein,
mit den großen, mit den kleinen
auf die Türken, auf die Heiden,
daß sie laufen all davon!

8. Prinz Eugenius wohl auf der Rechten
tät als wie ein Löwe fechten
als Gen'ral und Feldmarschall.
Prinz Ludewig ritt auf und nieder:
„Halt' euch brav, ihr deutschen Brüder,
greift den Feind nur herzhaft an!"

Bei den Strophen 3, 4, 5 ändert sich die Auftaktbildung: ♪ ♪ ♪ | ♩;
auch sonst ist die wechselnde Silbenverteilung zu beachten.

1) Geschütz
2) (eigentlich fourragieren) sich verpflegen
3) fechten
4) Geschützführer
5) Geschütze

T und M: vermutlich von einem ungenannten Söldner aus dem Heer Prinz Eugens, 1719 bereits in einer Leibziger Handschrift enthalten
S: Franz Möckl

Dieses Beispiel zeigt, wie früher wichtige Begebenheiten in Liedern festgehalten und ausgeschmückt wurden.
Im Dienst Kaiser Karls VI. (1711–1740) eroberte der aus Savoyen stammende Feldmarschall Prinz Eugen (1663–1736) bei der Vertreibung der Türken die Festung Belgrad (1717).

Freude, schöner Götterfunken

2. Wem der große Wurf gelungen, eines Freundes Freund zu sein, wer ein holdes Weib errungen, mische seinen Jubel ein! Ja, wer auch nur eine Seele sein nennt auf dem Erdenrund! Und wer's nie gekonnt, der stehle weinend sich aus diesem Bund.
3. = 1. Strophe

T: Friedrich Schiller
M: Ludwig van Beethoven (aus dem Schlußchor der 9. Sinfonie)

Die Gedanken sind frei

2. Ich denke, was ich will und was mich beglücket, doch alles in der Still', und wie es sich schicket. Mein Wunsch und Begehren kann niemand verwehren, es bleibet dabei: Die Gedanken sind frei!
3. Und sperrt man mich ein in finsteren Kerker, das alles sind rein vergebliche Werke; denn meine Gedanken zerreißen die Schranken und Mauern entzwei: Die Gedanken sind frei!

T und M: mündlich überliefert
S: Karl Haus/Franz Möckl

Der Text des Liedes entstand schon vor 1800 im süddeutschen Raum und wurde auf „Fliegenden Blättern" verbreitet. Um 1815 erschien er mit der tänzerisch anmutenden Melodie in einem Schweizer Liederbuch. Das Lied war in der Zeit des Vormärz (vor 1848) wegen seines für den Obrigkeitsstaat „gefährlichen" Inhalts verboten.

Es hat in unsern Tagen

2. Verdient machte sich neulich . . .
das ist gar sehr erfreulich . . .
die Landwehr bei einem Brande . . .
im großen Reußenlande.

3. Als das der Fürst vernommen . . .
sind Allerhöchst sie gekommen . . .
und haben dann in Gnaden . . .
die Soldaten vorgeladen.

4. Sechs Landwehrmänner stehen . . .
in Front, schön anzusehen . . .
Serenissimus loben jeden . . .
in gnädigst holden Reden.

5. Dann lassen Er sich höchsteigen . . .
vom ältesten den Taufschein zeigen . . .
und reichen ihm höchst verständigst . . .
die Hand höchst eigenhändigst.

6. O Nation der Nationen . . .
wo man noch weiß zu belohnen . . .
o wär' ich auch so einer . . .
ein Greiz-Schleiz-Lobensteiner!

T: August Heinrich Hoffmann von Fallersleben
M: volkstümlich
Aus: J. Holzmeister, Carmina historica. Fidula-Verlag, Boppard/Rhein

Dieses Spottlied auf die deutsche Kleinstaaterei geht zurück auf eine Bekanntmachung im Amts- und Regierungsblatt des Fürstentums Reuß-Lobenstein-Ebersdorf in Thüringen von 1833:
„Serenissimus habe die große Gnade zu haben geruht, die Wehrmänner von Hirschberg, sechs an der Zahl, welche zu dem in Tonna ausgebrochenen Feuer geeilt und mit aufopferndster Bereitwilligkeit Dienste geleistet hatten, öffentlich, vor der Fronte allerhöchstselbst gnädigst zu belohnen, und dem ältesten derselben (nachdem er sich durch den Taufschein als solcher ausgewiesen) zum Zeichen allerhöchst ihrer höchsten Zufriedenheit und Anerkennung höchsteigenhändig die Hand zu reichen."

Der Arme muß ins Feld

2. Ach, liebste Mutter, Mutter mein,
   wegen meiner brauchst du nicht zu weinen!
   Der Kaiser braucht Soldaten,
   und ich muß einer sein.

3. Drei Tag' vorm neuen Jahr, vorm Jahr
   wird angestellt eine Schlacht.
   Ein' Schlacht wird angestellt,
   die ganz fürchterlich wird sein.

4. Und sag mir, wer regiert die Welt,
   die Falschheit und das Geld?
   Der Reiche kann sich helfen,
   der Arme muß ins Feld.

(gekürzt)

T und M: aus Südmähren
Fassung: Karl Haus/Franz Möckl

Rekrutenlieder, die besonders den Abschied von den Eltern und den Unmut der jungen Männer gegen den Soldatendienst ausdrücken, sind zahlreich überliefert. Eine ähnliche Liedvariante findet sich auch in der Sammlung „Fränkische Volkslieder" des Freiherrn von Ditfurth aus dem Jahr 1855.

Ich hatt' einen Kameraden

2. Eine Kugel kam geflogen,
gilt es mir oder gilt es dir?
Ihn hat es weggerissen,
er liegt vor meinen Füßen,
I: als wär's ein Stück von mir. :I

3. Will mir die Hand noch reichen,
derweil ich eben lad'.
„Kann dir die Hand nicht geben,
bleib du im ew'gen Leben
I: mein guter Kamerad!" :I

T: Ludwig Uhland
M: nach einem Volkslied bearbeitet von Friedrich Silcher

Die Melodie des Liedes, ursprünglich im Dreiertakt, ist auf das Volkslied „Ein schwarzbraunes Mädchen hat ein' Feldjäger lieb" zurückzuführen. Friedrich Silcher gelang die Umsetzung in den feierlich-schreitenden Zweiertakt. Das Lied wurde rasch Allgemeingut. Es wird heute noch bei Gedenkfeiern gesungen oder gespielt.
Vgl. Anmerkung zu „Kontrafaktur" S. 56

Wildgänse rauschen

2. Fahrt durch die nachtdurchwogte Welt,
graureisige Geschwader!
Fahlhelle zuckt und Schlachtruf gellt,
weit hallt und wogt der Hader.

3. Rausch zu, fahr zu, du graues Heer,
rausch zu, fahr zu, nach Norden!
Fahrt ihr nach Süden übers Meer,
was ist aus uns geworden?

4. Wir sind wie ihr ein graues Heer
und fahrn in Kaisers Namen,
und fahrn wir ohne Wiederkehr,
singt uns im Herbst ein Amen!

T: Walter Flex
M: Robert Götz
Aus: H. König u.a., Der Turm. Voggenreiter Verlag, Bonn-Bad-Godesberg

Der Dichter Walter Flex war ein begeisterter Anhänger der Wandervogelbewegung und meldete sich bei Ausbruch des Ersten Weltkriegs als Kriegsfreiwilliger. Er fiel 1917 auf der Insel Ösel in der Ostsee. Seine Kriegserlebnisse beschreibt er in den Büchern „Wanderer zwischen beiden Welten" und „Das große Abendmahl", in denen sowohl die nationale Begeisterung als auch die Schrecken des Krieges dargestellt werden.

Old Abe Lincoln

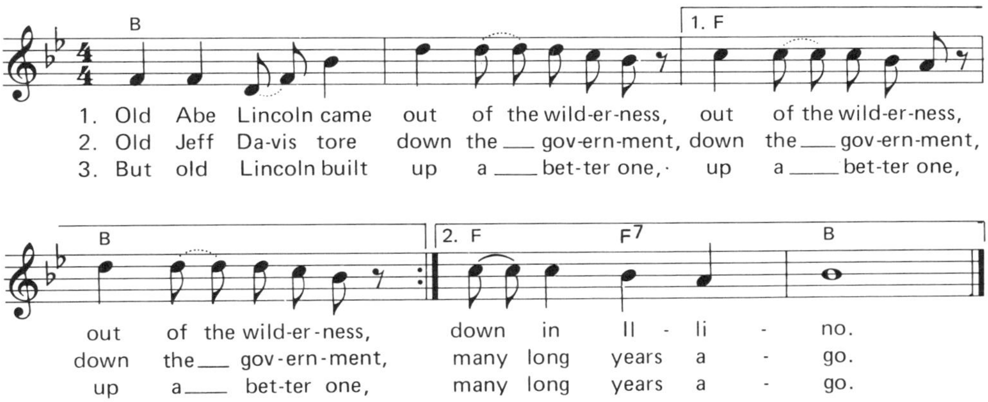

T: von den Wahlhelfern Abraham Lincolns
M: Spiritualmelodie zu „Ol' gray mare come tearin' out de wilderness"
Aus: J. Holzmeister, Carmina historica. Fidula-Verlag, Boppard/Rhein

Abraham Lincoln (1809–1865) trat zur Präsidentschaftswahl in den USA mit dem politischen Programm der Sklavenbefreiung an, das damals noch nicht mit allgemeiner Zustimmung rechnen konnte. Um es populär zu machen, wurde im Wahlkampf 1859/60 das obige Lied eingesetzt. Der Gegenspieler Lincolns, Jeff Davis, der seine Hoffnungen auf den Sezessionismus (Beibehaltung der Sklaverei, daher Abtrennung der Südstaaten) setzte, verlor die Wahl.

We shall overcome

Einmal kommt der Tag

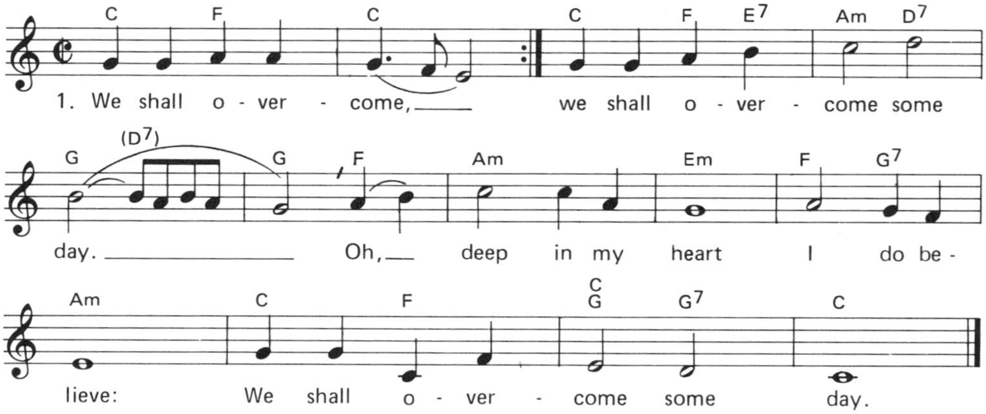

2. I: We'll walk hand in hand, :I we'll walk hand in hand some day.
   Oh, deep in my heart I do believe: We'll walk hand in hand some day.
3. I: We are not alone, :I we are not alone today.
   Oh, deep in my heart I do believe: We are not alone today.
4. We shall live in peace . . . some day.
5. We shall all be free . . . some day.
6. Black and white together now . . . some day.

1. Einmal kommt der Tag, einmal kommt der Tag, einmal kommt der Tag heran.
Ich spür's in mir, daß es geschieht: Einmal kommt der Tag heran!

2. Wir gehn Hand in Hand, wir gehn Hand in Hand, wir gehn Hand in Hand fortan.
Ich spür's in mir, daß es geschieht: Wir gehn Hand in Hand fortan.

3. Dann wird Friede sein, dann wird Friede sein, dann wird Friede sein fortan.
Ich spür's in mir, daß es geschieht, dann wird Friede sein fortan.

4. Wir gehn unverzagt, wir gehn unverzagt, wir gehn unverzagt voran.
Ich spür's in mir, daß es geschieht: Wir gehn unverzagt voran!

5. = 1.

T und M (Fassung): Zilphia Horton/Frank Hamilton/Guy Carawan/Pete Seeger
Verlag Ludlow Music Inc., New York
Für Deutschland, Österreich und Schweiz: Essex Musikvertrieb GmbH, Köln
Deutscher Text: Bernd van Kampen
Bosworth & Co., Köln – Wien – London

Ursprünglich Kirchenlied der Farbigen („I'll overcome some day"); in der Gewerkschafts- und Bürgerrechtsbewegung seit 1950 umgedichtet zu einem Solidaritäts- und Protestsong.

Die Moorsoldaten

2. Hier in dieser öden Heide ist das Lager aufgebaut,
wo wir fern von jeder Freude hinter Stacheldraht verstaut.
Wir sind die Moorsoldaten . . .

3. Morgens ziehen die Kolonnen in das Moor zur Arbeit hin;
graben bei dem Brand der Sonnen, doch zur Heimat steht ihr Sinn.
Wir sind die Moorsoldaten . . .

4. Heimwärts, heimwärts! Jeder sehnet sich nach Eltern, Weib und Kind.
Manche Brust ein Seufzer dehnet, weil wir hier gefangen sind.
Wir sind die Moorsoldaten . . .

5. Auf und nieder gehn die Posten, keiner, keiner kann hindurch.
Flucht wird nur das Leben kosten! Vierfach ist umzäunt die Burg.
Wir sind die Moorsoldaten . . .

6. Doch für uns gibt es kein Klagen. Ewig kann's nicht Winter sein!
Einmal werden froh wir sagen: Heimat, du bist wieder mein!
Dann ziehn wir Moorsoldaten nicht mehr mit dem Spaten ins Moor.

T: Johann Esser/Wolfgang Langhoff
M: Rudi Goguel

Das Lied entstand 1933 im Konzentrationslager Börgermoor II bei Papenburg und verbreitete sich als Protestlied gegen die Willkürherrschaft des NS-Regimes von KZ zu KZ; es wurde von Emigranten auch ins Ausland gebracht.

Where have all the flowers gone

Sag mir, wo die Blumen sind

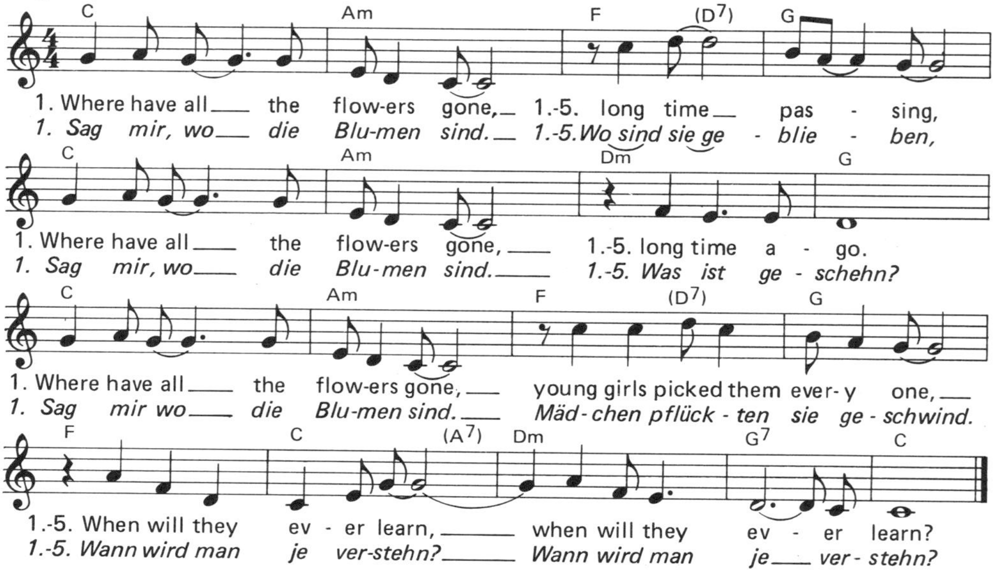

2. Where have all the young girls gone, long time passing,
   Where have all the young girls gone, long time ago,
   Where have all the young girls gone, gone to the young men every one,
   When will they ever learn, when will they ever learn?
3. Where have all the young men gone …
   they are all in uniform …
4. Where have all the soldiers gone …
   gone to graveyards every one …
5. Where have all the graveyards gone …
   covered with flowers every one …

2. Sag mir, wo die Mädchen sind …
Männer nahmen sie geschwind …
3. Sag mir, wo die Männer sind …
Zogen fort, der Krieg beginnt …
4. Sag, wo die Soldaten sind …
Über Gräbern weht der Wind …
5. Sag mir, wo die Gräber sind …
Blumen blühn im Sommerwind …

T und M: Pete Seeger
Deutscher Text: Max Colpet

Die Anregung zu diesem Lied kam von dem Gedicht „Ruhig fließt der Don" des russischen Schriftstellers Michail Scholochow.

Verleih uns Frieden gnädiglich

T: Martin Luther nach der Antiphon „Da pacem Domine"
M: vorreformatorisch, gedruckt in Nürnberg 1531

Dona nobis pacem

Kanon

Übersetzung: Gib uns Frieden.

T und M: mündlich überliefert

Da pacem, Domine

Kanon zu 4 Stimmen in der Unterquart

Übersetzung: Gib Frieden, Herr, in unseren Tagen!

T und M: Melchior Franck, aus dem Stammbuch eines Coburger Arztes vom 2. September 1629, mitgeteilt von F. Peters-Marquardt

Hevenu shalom alejchem

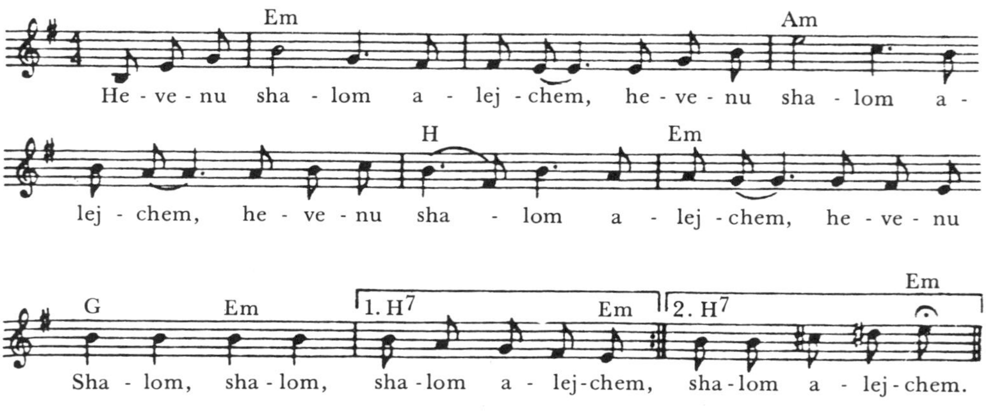

Übersetzung: Wir brachten Frieden auf euch.

T und M: aus Israel

Gehe ein in deinen Frieden

(Im Wechsel zwischen zwei Gruppen oder Vorsängern)

T und M: aus Israel
Deutscher Text: Helmut König
Voggenreiter Verlag, Bonn-Bad Godesberg

Shalom chaverim

In Frieden geht hin

Kanon

T und M: aus Israel
Deutscher Text: Franz Möckl

Aussprache: sh = sch
v = w

Deutschlandlied

(Nationalhymne der Bundesrepublik Deutschland)

T: August Heinrich Hoffmann von Fallersleben
M: Joseph Haydn

Die Melodie zeigt Anklänge an überlieferte Volks- und Kirchenlieder. Haydn hat sie unter dem Eindruck der Niederlage habsburgischer Truppen im Kampf gegen die Franzosen 1797 geschrieben. Sie wurde mit dem Text von Leopold Haschka „Gott erhalte Franz den Kaiser“ am 12. Februar 1797, dem Geburtstag Kaiser Franz' I., im Wiener Burgtheater zum ersten Mal gesungen.

Noch im gleichen Jahr entstand auch Haydns „Kaiserquartett“ (op. 76/3), in dem die Melodie als Thema für die Variationen des 2. Satzes verwendet wird.

Den Text schrieb Hoffmann von Fallersleben im Exil auf Helgoland am 26. August 1841 als „Lied der Deutschen“. Die erste Strophe „Deutschland, Deutschland über alles“ in Verbindung mit der Melodie von Haydn wurde 1922 durch Reichspräsident Friedrich Ebert zur Nationalhymne erklärt. Im Dritten Reich wurde die Hymne stets in Verbindung mit einem „Kampflied“ der SA gesungen.

Da der Text durch den Nationalsozialismus stark belastet war, wollte man nach der Gründung der Bundesrepublik Deutschland 1949 eine neue Hymne einführen. Diese „Hymne an Deutschland“ (Text: Rudolf Alexander Schröder, Vertonung: Hermann Reutter) konnte sich bei der Bevölkerung nicht durchsetzen. 1952 wurde vom damaligen Bundespräsidenten Theodor Heuss das Deutschlandlied wieder als deutsche Nationalhymne eingeführt, allerdings mit dem Hinweis, daß bei staatlichen Anlässen nur die (hier abgedruckte) 3. Strophe gesungen werden soll.

Allons, enfants de la patrie

(Französische Nationalhymne, Marseillaise)

Übersetzung:

Auf, Kinder des Vaterlandes, der Tag des Ruhms ist da!
Der Tyrannei blutige Standarte ist gegen uns aufgerichtet.
Hört ihr in den Feldern diese grausamen Soldaten brüllen?
Sie kommen bis in eure Reihen, (er)morden eure Söhne, eure Frauen.
Zu den Waffen, Bürger! Formiert eure Bataillone! Marschieren wir!
Das fremde Blut tränke unsere (Acker)furchen!

(F. M.)

T: Claude Joseph Rouget de Lisle
M: nach J. B. L. Grison (aus dem Oratorium „Esther"), zur heute gebräuchlichen Fassung zurechtgesungen

Rouget de Lisle schrieb dieses Revolutionslied am 24./25. April 1792 als Pionier-Hauptmann der Rheinarmee. Ihm ging es darum, seine Landsleute zum Kampf gegen die absolutistischen Gegner der Französischen Revolution aufzurufen. Allgemein bekannt wurde es, seit es von Truppen aus Marseille am 30. Juli 1792 beim Einmarsch in Paris gesungen wurde. Offizielle Hymne ist das Lied seit 1795.

God save our Queen[1)]
(Britische Nationalhymne)

1) bzw. King

Übersetzung:

Gott schütze unsere huldreiche Königin, lang lebe unsere edle Königin, Gott schütze die Königin!
Verleihe ihr, siegreich, glücklich und ruhmreich lang über uns zu herrschen. Gott schütze die Königin.

(F. M.)

T und M: anonym

Die Hymne geht auf ein altes patriotisches Lied aus dem frühen 18. Jahrhundert zurück, die überlieferte Form läßt sich bis 1745 zurückverfolgen. Die Melodie lag früher auch der deutschen Kaiserhymne „Heil dir im Siegerkranz" zugrunde, ebenso den Hymnen der Commonwealthstaaten, die Nationalhymne Liechtensteins verwendet sie heute noch.

Land der Berge

(Österreichische Bundeshymne)

2. Heiß umfehdet, wild umstritten,
liegst dem Erdteil du inmitten
einem starken Herzen gleich.
Hast seit frühen Ahnentagen
hoher Sendung Last getragen,
vielgeprüftes Österreich!

3. Mutig in die neuen Zeiten
frei und gläubig sieh uns schreiten,
arbeitsfroh und hoffnungsreich.
Einig laß in Brüderchören,
Vaterland, dir Treue schwören,
vielgeliebtes Österreich!

T: Paula von Preradović
M: Wolfgang Amadeus Mozart (?)

Die Melodie der österreichischen Bundeshymne entstammt dem (von fremder Hand hinzugefügten?) Schlußteil der Kantate „Laut verkünde unsre Freude“ (KV 623), die Wolfgang Amadeus Mozart in seinem Todesjahr 1791 komponiert hat. Sie wurde mit dem neuen Text „Brüder reicht die Hand zum Bunde“ bereits im frühen 19. Jahrhundert populär. Nachdem sie durch Ministerratsbeschluß vom 22. Oktober 1946 zur Bundeshymne der Republik Österreich bestimmt worden war, schuf die Dichterin Paula von Preradović 1947 den Text der Hymne.

The Star-Spangled Banner

(Nationalhymne der USA)

Übersetzung:

O sagt, könnt ihr im klaren Morgenlicht sehen,
was wir in der Abendröte grüßten,
dessen Streifen und Sterne über dem Wall?
Und die Blitze der Schlacht machten die Nacht taghell,
leuchtend zeigten sie uns an: Unsere Fahne hält Wacht.
Sagt, ob das glorreiche Sternenbanner noch über unserem
freien Land weht, wo der Tapferen Heim ist?

(F. M.)

T: Francis Scott Key
M: nach dem englischen Lied „To Anacreon in heaven" von John Stafford Smith

Key schrieb den Text im Krieg gegen Großbritannien nach einer durchkämpften Nacht am 14. September 1814, als er im Morgengrauen sah, daß Fort McHenry bei Baltimore noch das Sternenbanner gehißt hatte.
1916 wurde das Lied von Präsident Wilson zur Nationalhymne bestimmt, 1931 erfolgte die Bestätigung durch den Kongreß.

Gott mit dir, du Land der Bayern

(Bayernhymne)

2. Gott mit dir, dem Bayernvolke, daß wir uns'rer Väter wert,
fest in Eintracht und in Frieden bauen uns'res Glückes Herd!
Daß mit Deutschlands Bruderstämmen einig uns ein jeder schau
und den alten Ruhm bewähre unser Banner weiß und blau!

T: Michael Öchsner
M: Max Kunz

Die Bayernhymne wurde unter König Max II. Joseph am 26. Mai 1862 aus Anlaß des 44. Gedächtnistages der bayerischen Verfassung von 1818 eingeführt und am 3. Februar 1953 durch Beschluß des Bayerischen Ministerrats erneut zur Hymne des Freistaates erklärt.

Von Erschaffung Adam und Eva

Originaltonart: A - Dur

2. Der HErr that nider sitza /
auf einen dicka Strauß /
er nahm ein Läima Glotzla /[1]
und macht a Männel draus /
da nahm ers in die Hände /
und bließ gar mächti dran /
daß gleich von statt da stunde /
Adam der hübsche Mann.

3. Adam saß auf eim Steine /
und gafft halt hin und her /
er war nun gantz alleine /
das kräncket ihn gar sehr /
hab keins mit dem ich spreche /
der mich fein kuß und hals /
und mir ein Kurtzweil mache /
das wär mir über alls.

4. Auf dem Stein da er sasse /
der war gantz kalt und naß /
da frierts ihm aufs Gesässe /
legt sich bald hin ins Gras /
er that nit lang umgaffa /
rauntzt sich[2] als wie a Hund /
von Stund an wurd er schlaffend /
daß keins ihn wecka kunt.

5. Der HErr wolt nit verweila /
biß daß er munter wurd /
fein g'mach nahm er ein Beine /[3]
aus seiner Seiten furt /
das muß mir werd'n ein Weibe /
ich weiß der Sach zu thun /
wär d'Rippen noch so kleine /
so muß mirs doch gut thun.

7. Schlaff fort du närr'scher Hiesel /
Schlaff fort in guter Ruh /
kanst ja ein Ripp verlieren /
ich stell dirs wieder zu /
er nahm die Ripp in d'Hände /
und macht daraus ein Leib /
daß gleich von statt da stunde /
Eva das schöne Weib.

8. Kanst du so schöne Sacha /
o lieba GOtt und HErr /
aus meiner Rippa macha /
ich leyh dir noch viel mehr /
komm her du liebe Rippa /
grüß dich zu tausendmahl /
mit meina rotha Lippa /
küß ich dich ohne Zahl.

9. Wolt ihr den Hunger stillen /
eßt Obst und Kräuter gnug /
könt schon eur'n Brod-Sack füllen /
eins laß ich euch nit zu /
eur Hand thut nit hinstrecka /
laßt mir den Baum mit Fried /
sonst müst ihr gleich verrecka /
und eure Fratza[4] mit.

13. Der Eva stiegs in Kopffe /
und nahm ein in die Hand /
Adam der arme Tropffe /
war samt mit ihr verblend /
wer wird gleich mercken können /
was wirds um'n Apffel seyn /
Adam thät sich besinnen /
und biß halt wacker drein.

14. Pfuy geb mir her ein Hemmet /
ich bin blos hint'n und forn /
mein Treu ich muß mich schämen /
vor einem ehrlich'n Mann /
der Eva muß ich ruffen /
troll dich g'schwind aus dem Licht /
woll'n hinter d'Stauda schluffen /
daß uns kein Mensch nit sicht.

15. Der HErr der ging in Garten /
schrie Adam dreymahl zu /
verdross ihn sehr das Warten /
mein GOtt laß mich mit Ruh /
mein Eyd ich geh nit führe /
es sehen mich die Leut /
man sieht mein Ungebühre /
schaff mir vorhin ein Kleid.

17. 's Steht schlecht mit unsern Sacha /
der HErr ist bitter herb /
was wollt allein da macha /
wann ich gleich jetzund sterb /
o Weib / du lose Grotte /[5]
daß ich dich nur abtresch /[6]
bringst mich in solchen Spotte /
was machest vor a Wesch.[7]

19. Was gilts ich will dich zausen /
Adam du schlimmer G'sell /
in d'Höll must du mir fahren /
du machst gleich wie du wolst /
viel Dörner werd'n dir wachsen /
aus deinem guten Saam /
die Eva soll ihr Fratzen /
gebährn in Schmertzen lang.

20. Da kam ein Engel zarte /
kricht aus dem Busch daher /
gab uns viel schlimmer Worte /
er war a böser Herr /
er hat a lange Prachsen /[8]
und sah gar bitter aus /
er schmieret uns die Achsel /[9]
schlug uns zum Garta naus.

1) tönernen Klumpen
2) räkelt sich stöhnend
3) Knochen
4) verächtlich für: Kinder
5) Kröte
6) verdresche
7) Gewäsch
8) Rute, Knüppell
9) Er prügelt uns die Schulter

T und M: Johann Valentin Rathgeber
Aus „Ohren-vergnügendes und Gemüth-ergötzendes Tafel-Confect", Augsburg 1733–1738
Generalbaß ausgesetzt von Fanny Kistner-Hensel
Aus: M. Jürgenson-Rupprecht/K. Suttner, Das europäische Kunstlied. Verlag B. Schott's Söhne, Mainz

Vgl. Abb. S. 294

Von Erschaffung Adam und Eva.

Canto Solo.

15.

2.

Der HErr thät nider sitza /
Auf einen dicka Strauß /
Er nahm ein Läima Glotzla /
Und macht a Männel draus /
Da nahm ers in die Hände /
Und bließ gar mächti dran /
Daß gleich von statt da stunde
Adam der hübsche Mann.

3.

Adam saß auf eim Steine /
Und gafft halt hin und her /
Er war nun gantz alleine /
Das kräncket ihn gar sehr /
Hab keins mit dem ich spreche /
Der mich fein kuß und hals /
Und mir ein Kurtzweil mache /
Das wär mir über alls.

4.

Auf dem Stein da er sasse /
Der war gantz kalt und naß /
Da frierts ihm aufs Gesässe /
Legt sich bald hin ins Gras /
Er thät nit lang umgaffa /
Rauntzt sich als wie a Hund /
Von Stund an wurd er schlaffend /
Daß keins ihn wecka kunt.

5.

Der HErr wolt nit verweila /
Biß daß er munter wurd /
Fein g'mach nahm er ein Beine /
Aus seiner Seiten furt /
Das muß mir werd'n ein Weibe /
Ich weiß der Sach zu thun /
Wär d'Rippen noch so kleine /
So muß mirs doch gut thun.

6.

O lieber HErr und GOtte /
Du machst mich gar zu eng /
Mein Treu es ist ein Spotte /
Hab um ein Ripp zu weng /
Ich hat ja alle Glieder /
Eh du HErr zu mir kamst /
Gib mir mein Rippa wieder /
Sonst bin ich ja nicht gantz.

7. Schlaf

Der Anfang von Valentin Rathgebers Lied „Von Erschaffung Adam und Eva" aus dem „Augsburger Tafel-Confect" (vgl. S. 292)

Originaltonart: B-Dur

Das Glücke

T: Daniel Stoppe · M: Georg Philipp Telemann

Der lieben Sonne Licht und Pracht

Originaltonart: B-Dur

Johann Sebastian Bach
Generalbaß ausgesetzt von Fanny Kistner-Hensel nach „Schemellis Gesangbuch", Leipzig 1736
Aus: M. Jürgenson-Rupprecht/K. Suttner, Das europäische Kunstlied. Verlag B. Schott's Söhne, Mainz

Georg Christian Schemelli (1680–1762) war Schüler an der Thomasschule in Leipzig und kam als Schloßkantor nach Zeitz. 1736 veröffentlichte er ein „Musicalisches Gesang-Buch" mit 69 Melodien und Generalbaß. Die musikalische Bearbeitung übernahm Johann Sebastian Bach. Da nur ein Lied mit Bachs Namen gezeichnet ist, gehen die Meinungen über die Anzahl der „echten" Beiträge Bachs stark auseinander.

Das Wandern

2. |: Vom Wasser haben wir's gelernt, vom Wasser. :| Das hat nicht Ruh bei Tag und Nacht, ist stets auf Wanderschaft bedacht, das Wasser.

3. |: Das sehn wir auch den Rädern ab, den Rädern, :| die gar nicht gerne stille stehn und sich mein Tag nicht müde drehn, die Räder.

4. |: Die Steine selbst, so schwer sie sind, die Steine, :| sie tanzen mit den muntern Reih'n und wollen gar noch schneller sein, die Steine.

5. |: O Wandern, Wandern, meine Lust, o Wandern! :| Herr Meister und Frau Meisterin, laßt mich in Frieden weiterziehn und wandern!

T: Wilhelm Müller
M: Franz Schubert

Die Landlust

T: Stahl
M: Joseph Haydn

Der König in Thule[1)]

Originaltonart: a-Moll

T: Johann Wolfgang von Goethe
M: Carl Friedrich Zelter

1) Schon bei Vergil (70–19 v. Chr.) als Name für den äußersten Punkt („Ultima Thule") des Erdkreises; antike Bezeichnung für sagenumwobenes nördlichstes Land

Sehnsucht nach dem Frühling

T: Christian Adolf Overbeck
M: Wolfgang Amadeus Mozart

Originaltonart: E - Dur

Der Musensohn

2. Ich kann sie kaum erwarten,
die erste Blum im Garten,
die erste Blüt am Baum.
Sie grüßen meine Lieder,
und kommt der Winter wieder,
sing ich noch jenen Traum.

3. Ich sing ihn in die Weite,
auf Eises Läng und Breite,
da blüht der Winter schön!
Auch diese Blüte schwindet,
und neue Freude findet
sich auf bebauten Höhn.

4. Denn wie ich bei der Linde
das junge Völkchen finde,
sogleich erreg ich sie.
Der stumpfe Bursche bläht sich,
das steife Mädchen dreht sich
nach meiner Melodie.

5. Ihr gebt den Sohlen Flügel
und treibt durch Tal und Hügel
den Liebling weit von Haus.
Ihr lieben, holden Musen,
wann ruh ich dir am Busen
auch endlich wieder aus?

T: Johann Wolfgang von Goethe
M: Carl Friedrich Zelter

Ein Jüngling liebt ein Mädchen

Originaltonart: Es - Dur

T: Heinrich Heine
M: Robert Schumann, aus dem Zyklus „Dichterliebe" op. 48

Mit Auftakt hebt die Sache an

Sprechkanon

Ausführung:
a) Gemeinsam sprechen
b) In vier Gruppen nacheinander einsetzen und nacheinander schließen
c) Ohne Text mit vier verschiedenen Schlaginstrumenten spielen.

T und M: Heinz Benker
Aus: H. Benker/L. Hammaleser, Musicassette 5/6. Bayerischer Schulbuch-Verlag, München

Ein Frühlingslied

Kanon

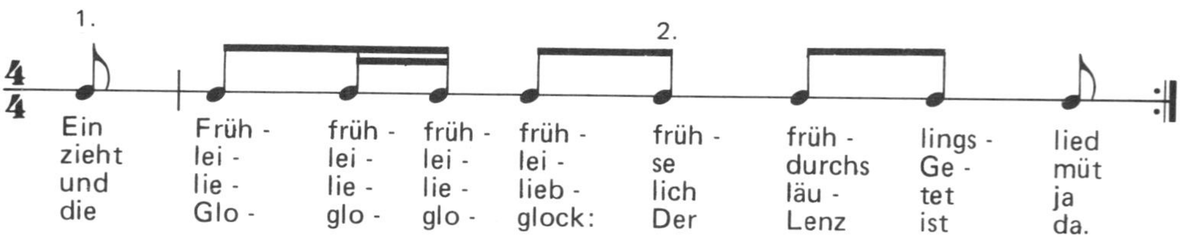

T: frei nach Heinrich Heine
M: Franz Möckl

Idaida

Kanon

1) sprich: schej!

T und M: Sprechrhythmus ungarischer Zigeuner
Aus: K. Haus, Zigeunertanz. Verlag B. Schott's Söhne, Mainz

Kokimoki

Sprechstück mit wandernden Achteln (auch als Kanon, Einsatz zeilenweise)

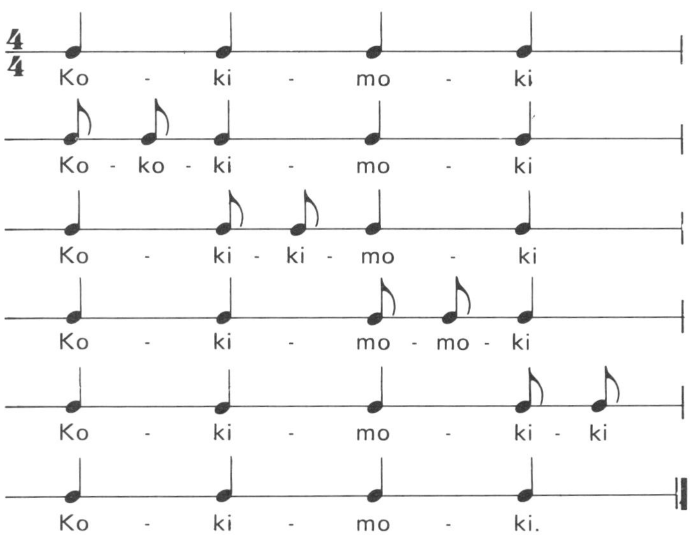

T und M: Karl Haus
Aus: Musik verstehen – Verstehen durch Musik. Gustav Bosse Verlag, Regensburg

Hexen-Abzählreim

1. Strophe

Sehr rasches Tempo ♩ = 138-144
Solo (helle schrille Stimme)

folgt Refrain

2. Strophe

folgt Refrain

3. Strophe

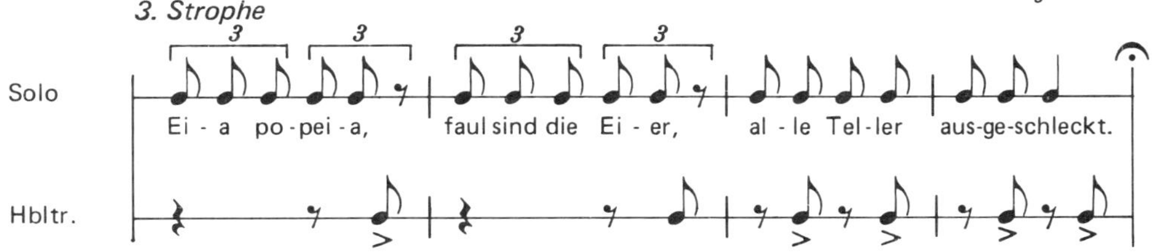

folgt Refrain mit decrescendo

T: Kurt Sigel
Aus: H. J. Gelberg, Die Stadt der Kinder. Georg Bitter Verlag, Recklinghausen
M: Helmut Maschke
Aus: H. Maschke, Von Hexen, Geistern und Gespenstern. Verlag Merseburger, Berlin

Werbespott[1)]

[1]) gemeint ist wirklich „Spott"

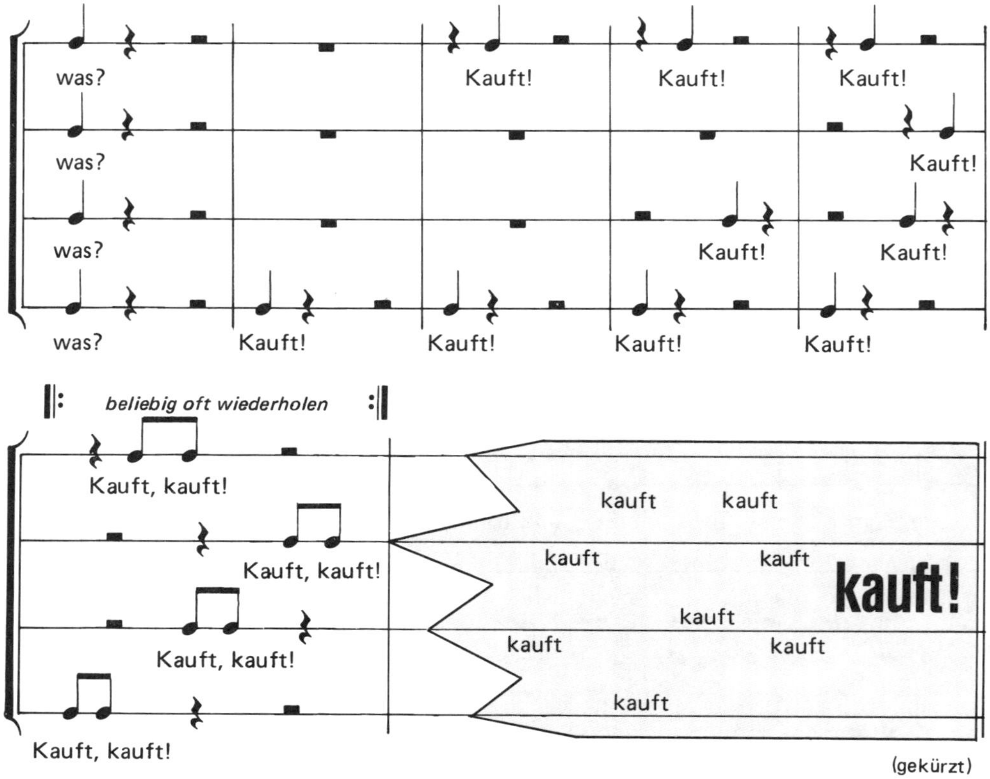

T und M: Toni Völker
Aus: T. Völker, Musikalische Satiren. Eres-Verlag, Bremen-Lilienthal

Zeit ist Geld

I a)

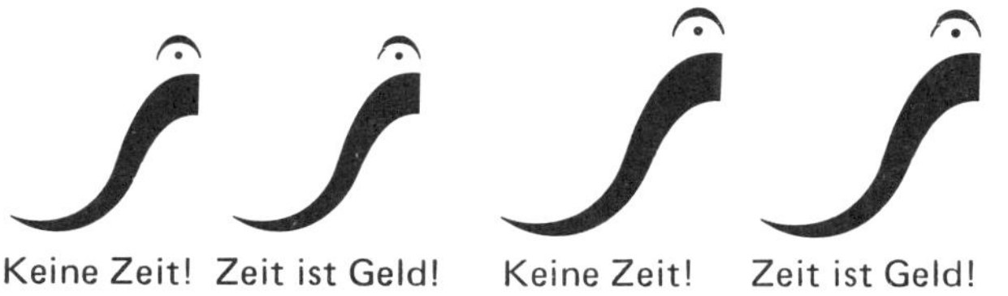

b)

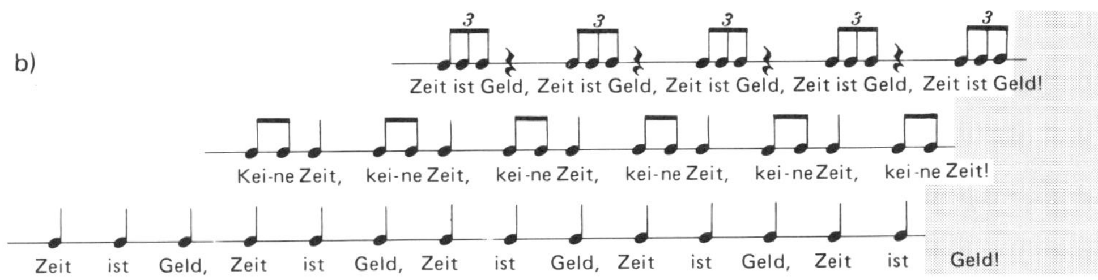

II

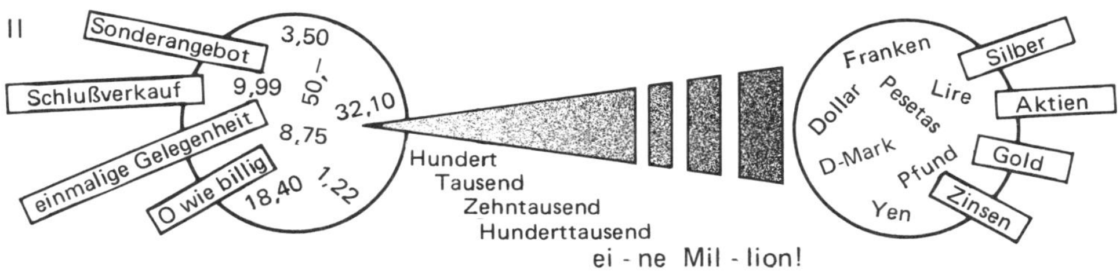

III a) b)

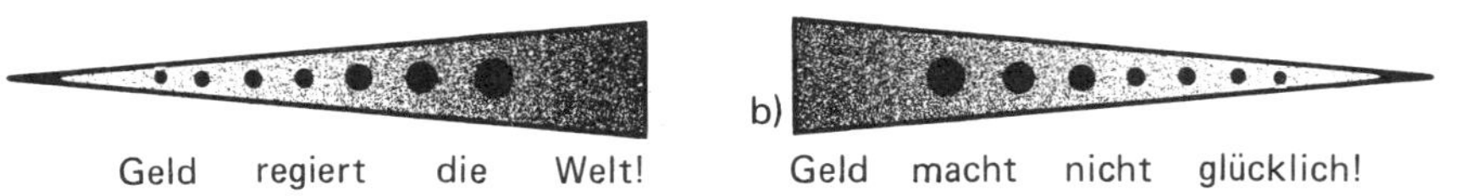

Drei Aktionen für Stimmen und Schlaginstrumente in beliebiger Folge

I a) Rufe (glissando) Solo, b) Rhythmisiertes Sprechfeld in Cluster einmünden

II Aus ungeordnetem Sprechen von Geldbeträgen, wobei einzelne Beträge hervorgehoben werden können, in freies Zählen übergehen, leise beginnen, dann stärker und dichter werden, in Cluster einmünden – Währungsnamen beliebig wiederholen, einzelne Währungen durch zunehmende Lautstärke herausfiltern.

III Sprechfelder aus ungeordnetem Sprechen in beliebig wiederholbare 5er-Gruppierungen übergehen lassen.

a)

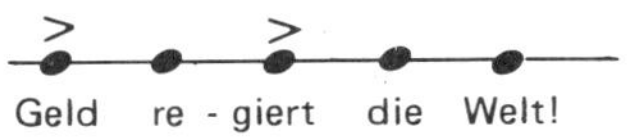

b)

T und M: Karl Haus
Aus: K. Haus, Kleine Sprach- und Klangspiele. Gustav Bosse Verlag, Regensburg

Fußball-Report

Sprechkanon

„Fußball-Report" kann ein-, zwei- oder dreistimmig aufgeführt werden. Der Kanon wird geschlossen, wenn Gruppe 1 die dritte Fermate erreicht hat.

T und M: Heinz Benker
Aus: Lied & Song. Hrsg. vom Verband Bayerischer Schulmusikerzieher. Verlag Max Hieber, München

Eine Zeitung von Format

Im Ton des Zeitungsverkäufers, einer:
„Neuer Tag von Altenhausen!“ (dreimal, gesteigert)

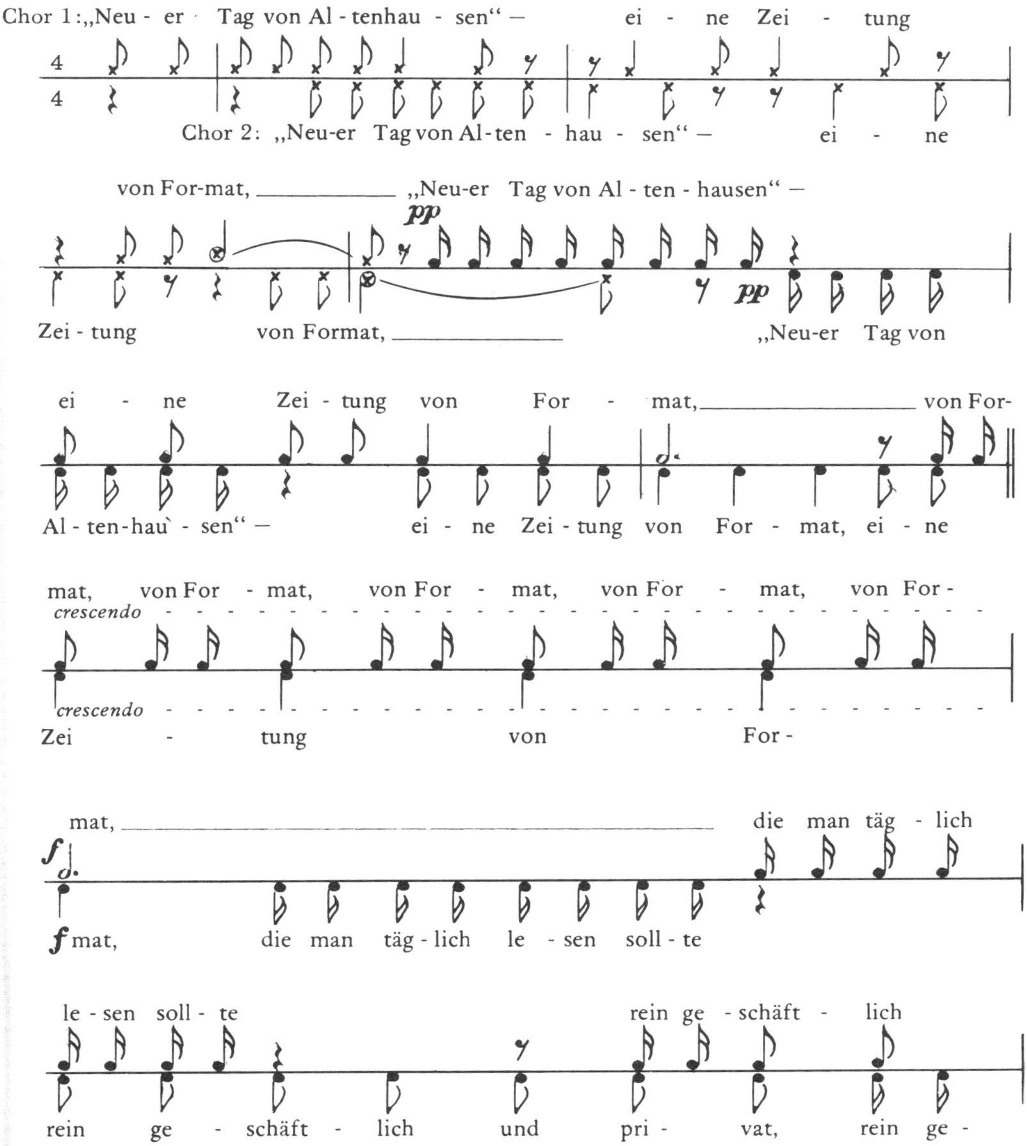

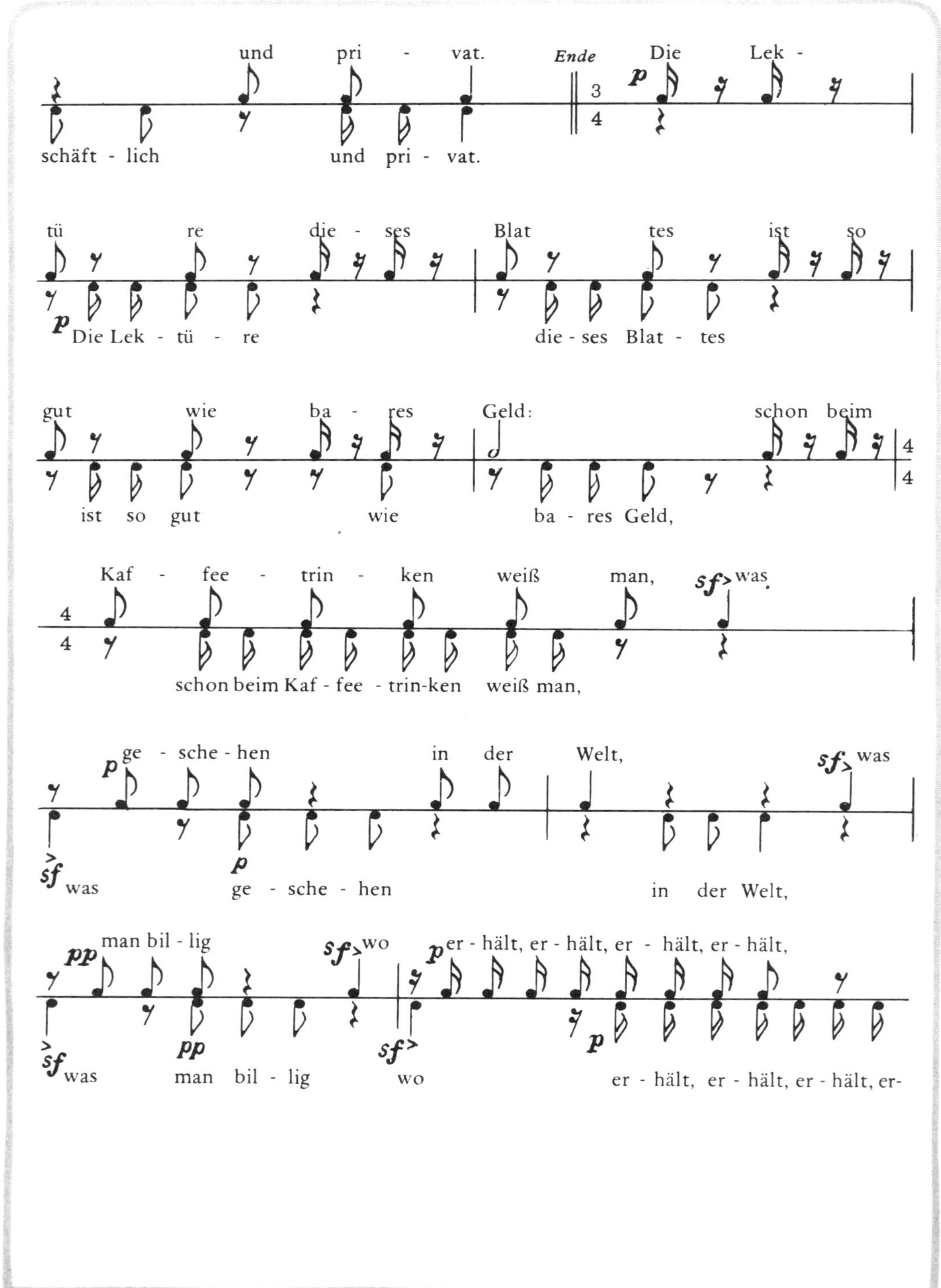
und pri - vat. Ende Die Lek -
schäft - lich und pri - vat.
tü re die - ses Blat tes ist so
Die Lek - tü - re die - ses Blat - tes
gut wie ba - res Geld: schon beim
ist so gut wie ba - res Geld,
Kaf - fee - trin - ken weiß man, was
schon beim Kaf - fee - trin-ken weiß man,
ge - sche - hen in der Welt, was
was ge - sche - hen in der Welt,
man bil - lig wo er - hält, er - hält, er - hält, er - hält,
was man bil - lig wo er - hält, er - hält, er - hält, er-

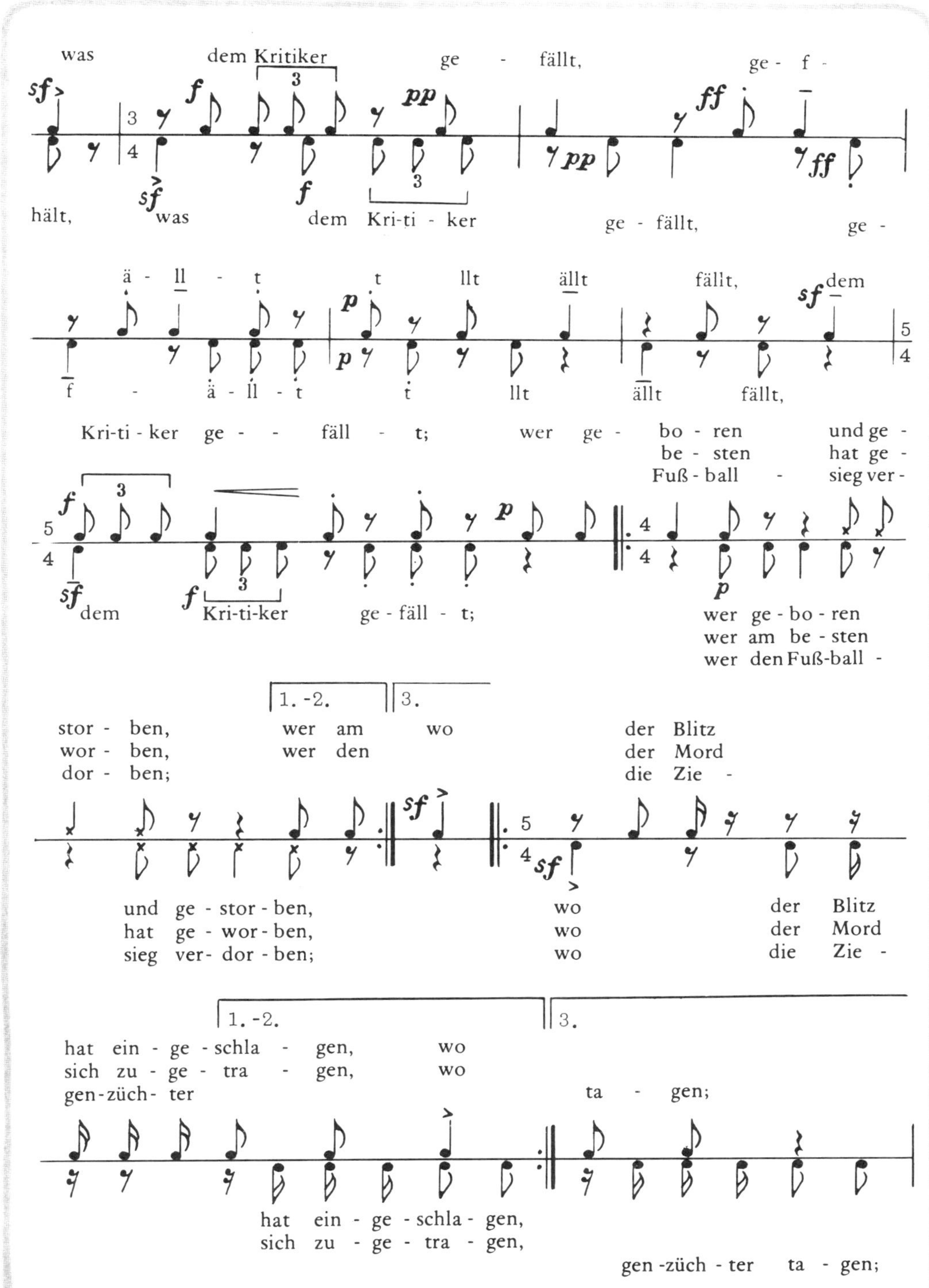
was dem Kritiker ge - fällt, ge - f -
hält, was dem Kri-ti - ker ge - fällt, ge -
ä - ll - t t llt ällt fällt, dem
f - ä - ll - t t llt ällt fällt,
Kri-ti - ker ge - - fäll - t; wer ge - bo - ren und ge -
be - sten hat ge -
Fuß - ball - sieg ver -
dem Kri-ti-ker ge - fäll - t;
wer ge - bo - ren
wer am be - sten
wer den Fuß-ball -
1. -2.
3.
stor - ben, wer am wo der Blitz
wor - ben, wer den der Mord
dor - ben; die Zie -
und ge - stor - ben, wo der Blitz
hat ge - wor - ben, wo der Mord
sieg ver - dor - ben; wo die Zie -
1. -2.
3.
hat ein - ge - schla - gen, wo
sich zu - ge - tra - gen, wo
gen-züch- ter ta - gen;
hat ein - ge - schla - gen,
sich zu - ge - tra - gen,
gen -züch - ter ta - gen;

(ab hier gesungen, entweder auf dem angegebenen Ton oder im Cluster halbtonweise aufwärts, cresc. e string.)

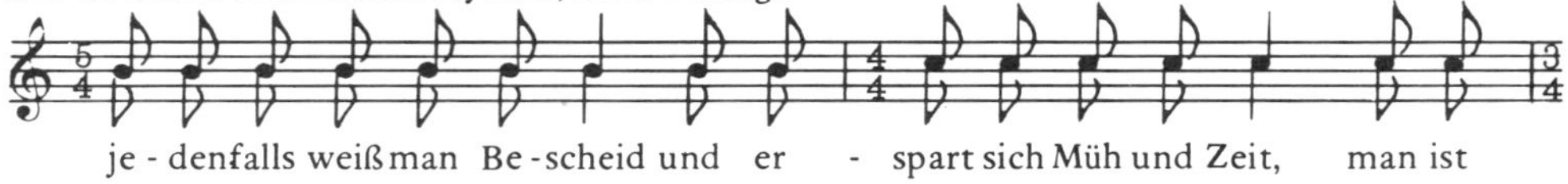

Einer, rufend:
„Neuer Tag von Altenhausen“ Sprechchor von Anfang bis Ende

Zur Wiedergabe:
Erst vorlesen, dann exakt rhythmisch und dynamisch genau nach Vorschrift im Sprechchor!

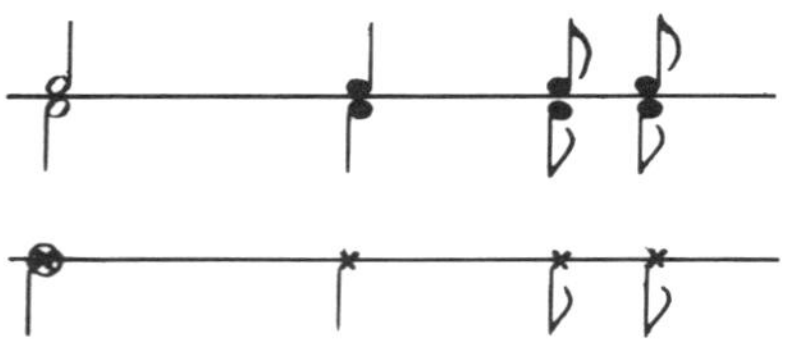

= hohe Stimmlage
tiefe Stimmlage

= geflüstert, stimmlos
(scharfe Konsonanten!)

T und M: Franz Möckl

Musikalische Lernbereiche beim Lied

Sprechen und Singen/Stimmbildung

Sprechtechnik

Bewußte Lautbildung und deutliche Rhythmisierung; nicht zu tief und möglichst „weit vorne" sprechen.

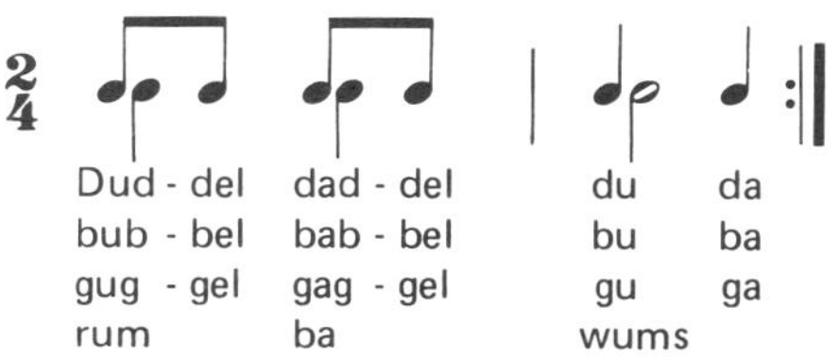

(auch in anderer Vokalfolge)

T: volkstümlich

Sprechkanon

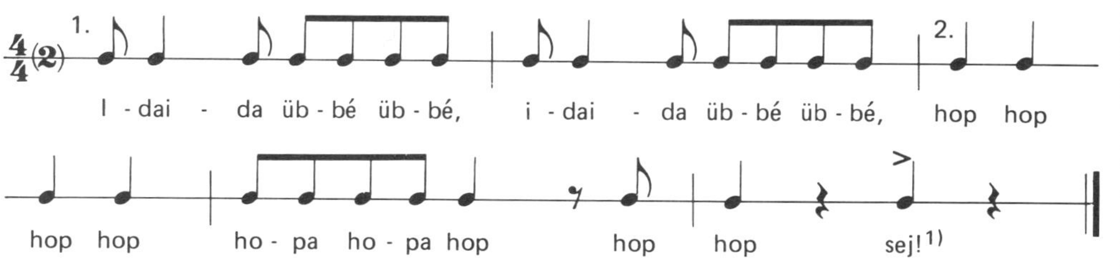

Sprechrhythmus ungarischer Zigeuner
Aus K. Haus, Zigeunertanz. Verlag B. Schott's Söhne, Mainz

1) sprich: schej

Sprechkanon

T: volkstümlich
Sprechkanon: Karl Haus

Atmung

- kontrollierte Körperhaltung
- nur mit Zwerchfell-Flanken-Atmung singen
- Vorgang: ausatmen / abwarten / gelöst einatmen durch Nase und Mund zugleich / Atem anhalten (Atemstütze) / Luft ausströmen lassen
- beim Singen die Luft sparsam abgeben
- Atem musikalisch und textlich sinnvoll einsetzen (Vollatmung / Schnapp- oder Fangatmung)

Tonbildung

- richtiger Stimmsitz als Voraussetzung für eine gute Resonanz (durch Summübungen mit m – n – ng)
- Entwickeln von Gefühl für die Möglichkeit der Tonverstärkung im Kopfraum
- Weitung des Mundraumes nach oben (Hoch-Vorder-Sitz des Tones, Vorstellungshilfe: „aus den Augen singen")
- alle Übungen mit leiser Tongebung in mittlerer Stimmlage beginnen, dynamisch variieren und nach oben bzw. unten ausbauen

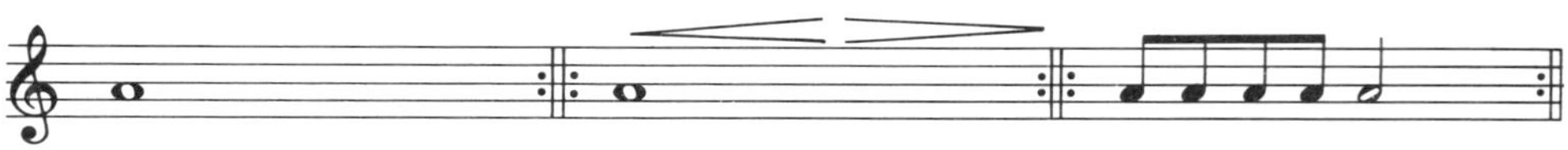

no ______	no ______	no no no no no ______
na ______	na ______	na na na na na ______
dong ______	dong ______	dong . . . dong ______
ding ______	ding ______	ding . . . ding ______

Vokale (Selbstlaute)

- *Vokalausgleich:* dunkle und helle Vokale (u – o – a – e – i) ausgleichen, ohne ihre unverwechselbare Klangfarbe aufzugeben
  (n) u – o – a – o – u (n) a – e – i – e – a
- *Mischlaute* (Umlaute) als Hilfe für die Gewinnung der Vokale i und e
  (n) u – ü – i (n) o – ö – e

Sprechkanon

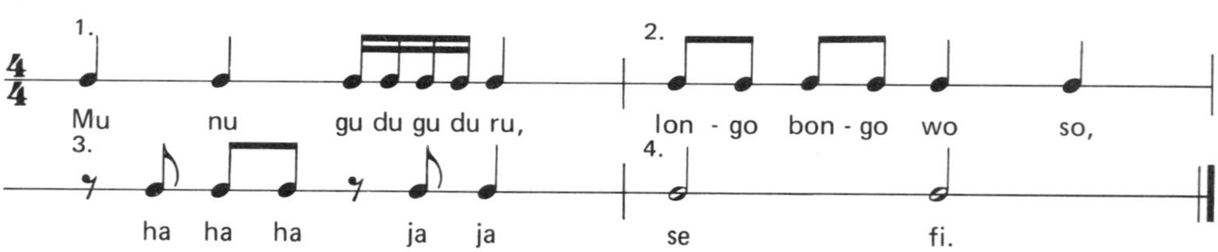

(F.M.)

- *Zwielaute* (Diphthonge) ei / ai gesprochen a‿e
  au a‿o
  eu / äu å‿e

Hauptvokal lang – zweiter Vokal kurz und abgefärbt

Konsonanten (Mitlaute)

Im Gegensatz zu den Vokalen gliedern und markieren sie den Lautfluß der Sprache.

- Die *Klinger* (m – n – ng – l – j – r – w – stimmhaftes s im Anlaut) verhelfen zu einer besseren Resonanz und Klangwirkung, z. B.

  Alle wandern nun im Sonnenschein

- Die *Geräuschlaute* sind deutlich zu sprechen und zu plazieren:
  - o stimmhafte und stimmlose Verschlußlaute unterscheiden (b – p, d – t, g – k), z. B.

    Buntpapier, Donautal, Gänsekragen

  - o Reibe- oder Fließlaute (f – v – h – ch – s im Auslaut – sch) bewußt kurz und scharf sprechen, ebenso die Verbindung von Verschluß- und Reibelauten (pf – z – c – tsch – x). Sie haben vielfach eine lautmalerische Wirkung, die besonders in der experimentellen Musik genutzt wird.

Besonderheiten der Aussprache:

- König: sprich Könich, aber Könige
  heilig: sprich heilich, aber Heilige usw.
- gehen, ruhen, mähen: das h bleibt stumm
- s im Anlaut und am Silbenbeginn stets stimmhaft: Sonne, preisen usw.
  ß, ss, und s im Auslaut stimmlos: gießen, Wasser, Haus usw.
- d am Wortende stets stimmlos: Wald = Walt, Geld = Gelt usw.
  In der Folge d – d, d – t, t – t wird meist nur der zweite Konsonant gesprochen, z.B. ist da, dort tief usw.

Lagenausgleich

Der bruchlose Übergang zwischen Brust- oder Normalstimme und Kopfstimme wird durch den Lagenausgleich erreicht.

- hohe Töne durch Atemstütze absichern
- nicht *mit,* sondern *auf* dem Atem singen, durchgehende Luftsäule, Vorstellungshilfe: Fontäne eines Springbrunnens trägt einen Ball

(auch mit anderen Klingern und Vokalen üben)

Verhaltensregeln für die Zeit der Mutation:

1. Vorsichtig und stimmschonend sprechen und singen. Der Stimmapparat soll aber in Übung bleiben, damit er nicht verkümmert.

2. Singen in der Mittellage der Stimme mit besonders weichem Stimmansatz schadet nicht, dagegen sollen bei zeitlich begrenzten Singphasen hohe und tiefe, vor allem laute und rohe Töne vermieden werden.

3. Als stimmkräftigende Übungen sind lockeres Summen und kurze Tonfolgen in mittlerer Stimmlage empfehlenswert.

4. Alle Überbelastungen und falscher Gebrauch beeinträchtigen die natürliche Entwicklung einer gesunden Stimme.

Klangdauer und zeitliche Gliederung

Notenwerte und Pausen

Ganze — Halbe — Viertel — Achtel — Sechzehntel

Verlängerte Noten und Pausen, z. B. durch Haltebogen oder Punktierung

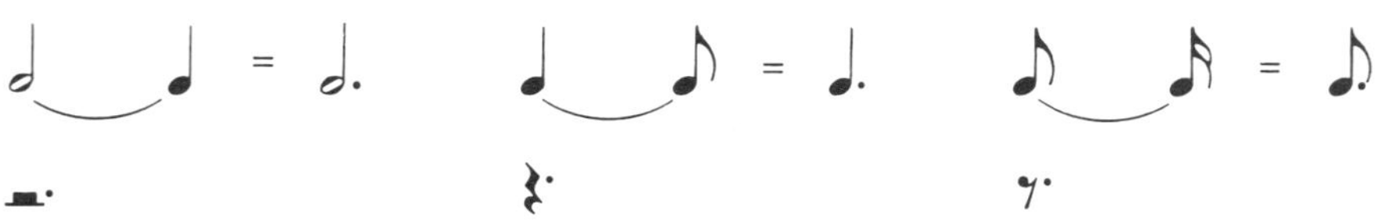

Dreiviertel — Dreiachtel — Dreisechzehntel

Der Punkt hinter der Note verlängert diese um die Hälfte ihres Wertes.

Triolen

Beispiele für Punktierungen:	
Himmel und Erde, S. 208	Joshua fit de battle ob Jericho, S. 102
Viva la musica, S. 11	Am Brunnen vor dem Tore, S. 125

Beispiele für Triolen:	
Der hat vergeben, S. 7	Good morning, Blues, S. 107
Lebe wohl, S. 110	Am Brunnen vor dem Tore, S. 125

𝄐 = Fermate (Haltezeichen). Sie verlängert die Note nach vortragsgemäßem Belieben.

Rhythmus
Gegliederter Ablauf unterschiedlicher Klangdauern.

Takt (lat. tactus = Schlag)
Regelmäßige Gliederung metrisch-rhythmischer Abläufe.

Metrik (lat. metrum = Maß)
Geregelte Folge betonter und unbetonter Werte.

Taktarten richten sich nach dem Notenwert der Zähleinheit. Es gibt gerade ($\frac{2}{4}\frac{4}{4}\frac{4}{8}$ usw.), ungerade ($\frac{3}{4}\frac{3}{2}\frac{6}{4}\frac{6}{8}$ usw.) und unregelmäßige oder gemischte ($\frac{5}{4}\frac{7}{8}$ usw.) Taktarten.
Die schweren und leichten Taktzeiten folgen den metrischen Betonungen
♩ ♩ (vgl. Märsche, Wanderlieder usw.) ♩ ♩ ♩ (vgl. Walzer, Ländler, Tanzlieder usw.)
\> 1 2 \> 1 2 3

Beispiele für gerade Taktarten:	Beispiele für ungerade Taktarten:
$\frac{2}{4}$ What shall we do, S. 175	$\frac{3}{4}$ Himmel und Erde, S 208 Lobet und preiset, S. 82
$\frac{2}{2}$ Auf der Geige spielt der Janos, S. 9	$\frac{6}{8}$ Bunt sind schon die Wälder, S. 48
$\frac{4}{4}$ Horch, was kommt von draußen rein, S. 127	$\frac{6}{4}$ Weichen wird der Tag, S. 87
$\frac{4}{2}$ Singt dem Herren, S. 75	

Statt $\frac{4}{4}$ wird auch **C** als Taktangabe gesetzt.
¢ bedeutet, daß die Halbe Zählzeit ist (alla breve).
$\frac{6}{8}$ (2) oder $\frac{6}{4}$ (2): Je drei Zählzeiten des Sechsertaktes werden zusammengefaßt.
Manche Komponisten schreiben die Taktangabe so: $\frac{♩}{3}$ ($\frac{3}{4}$) oder $\frac{𝅗𝅥}{4}$ ($\frac{4}{2}$) usw.

Taktwechsel lockert das Taktschema auf.

Beispiele:	
O du stille Zeit, S. 25	Leit, Leit, Leitl müaßts lustig sei, S. 226

Beginn mit Volltakt, z.B.

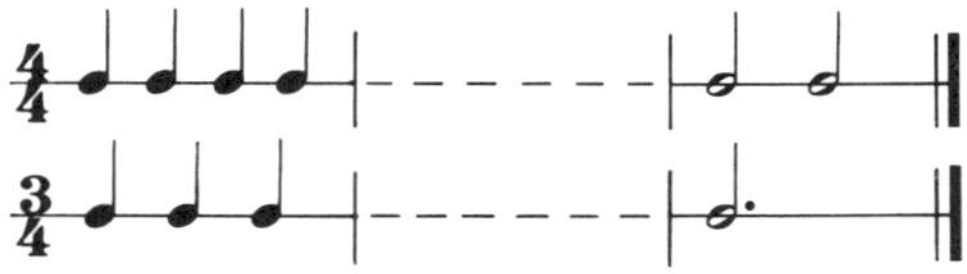

Beginn mit Auftakt, z.B.

Auftakt und Schlußtakt bilden einen vollständigen Takt.

Beispiele:

Viva la musica, S. 11
Lebe wohl, S. 110
Alle gute Gabe, S. 109
Himmel und Erde, S. 208

Beispiele:

Der Mond ist aufgegangen, S. 19
O freudenreicher Tag, S. 66
Erwacht, ihr Schläfer drinnen, S. 13
Kein schöner Land, S. 22

Synkope Vorwegnahme der Betonung auf eine leichte Zählzeit, z.B.

oder

Beispiele:

Mädel, mein Mädel, die Hähne krähn, S. 40
Tom Dooley, S. 258
Mary had a baby, S. 72
Cielito Lindo, S. 134

Tonhöhe – Ordnung im Tonraum

Tonvorrat

Sieben Stammtöne

Abgeleitete Töne durch Halbtonversetzung

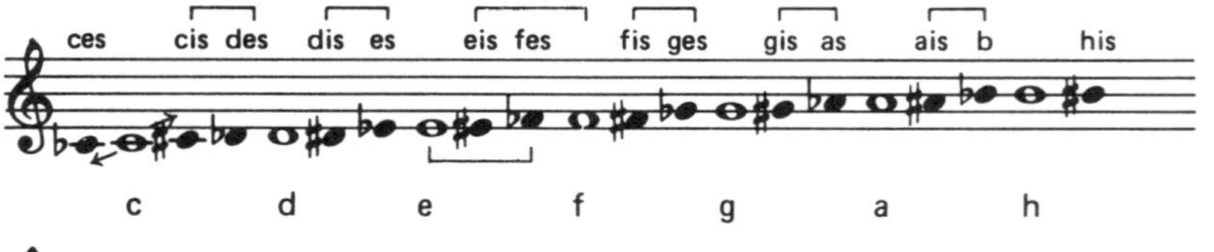

Abgeleitete Töne durch Ganztonversetzung, z. B.

Intervalle

heißen die Abstände zwischen den Tönen. Ihre Namen stammen von den lateinischen Ordnungszahlen primus, secundus, tertius usw.

Grundintervalle

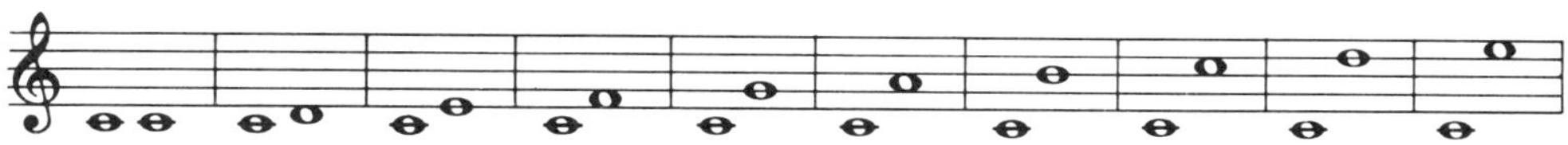

Grundlagen der Melodiebildung

Pentatonik

Fünftonreihe ohne Halbtonschritte, z.B.

Tonsystem alter Musikkulturen, überliefert in vielfältiger Ausformung: geistliche Lieder, Kinderlieder, Folklore

Diatonik

mit geordneter Verteilung der Ganz- und Halbtonschritte. Ihre 8 Töne sind auf einem Grundton (Tonika) aufgebaut und auf ihn bezogen. Dazu gehören die aus dem Mittelalter stammenden Kirchentonarten.

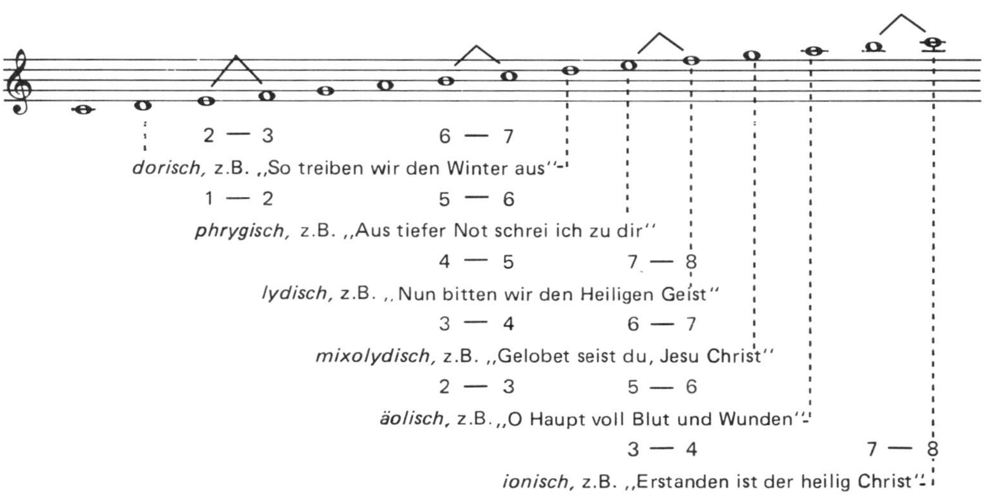

Dur und Moll

Seit etwa 1600 hat sich aus der äolischen Leiter das Tongeschlecht Moll, aus der ionischen das heutige Dur entwickelt.
Jede Durtonleiter hat eine parallele Molltonleiter. Ihr Grundton ist die 6. Stufe der Durtonleiter.

Unterscheidungsmerkmale:
Dur: vom Grundton aus folgen zwei Ganztonschritte (große Terz)
Moll: vom Grundton aus folgen ein Ganzton- und ein Halbtonschritt (kleine Terz)

Durtonleiter

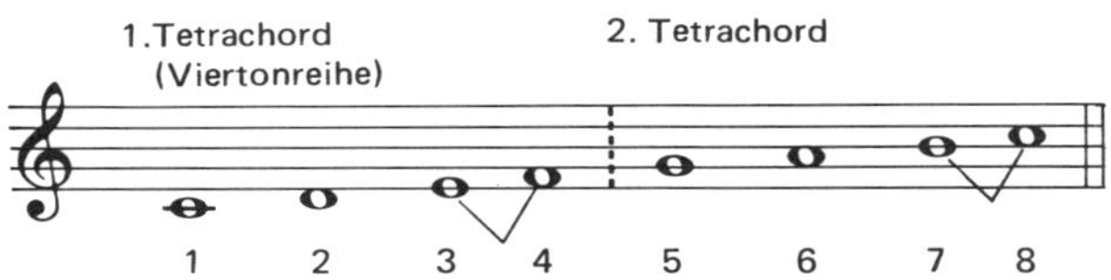

Molltonleiter

natürlich

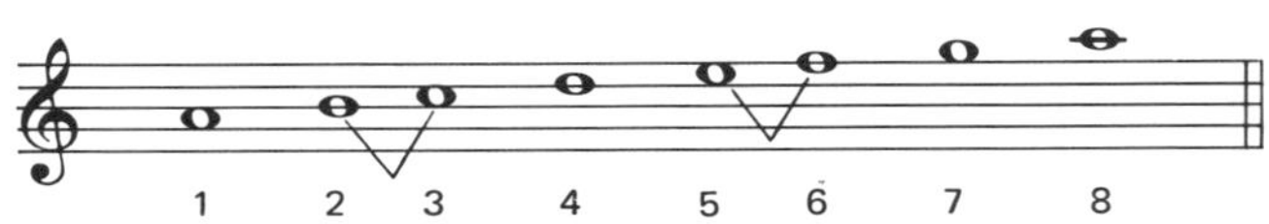

harmonisch

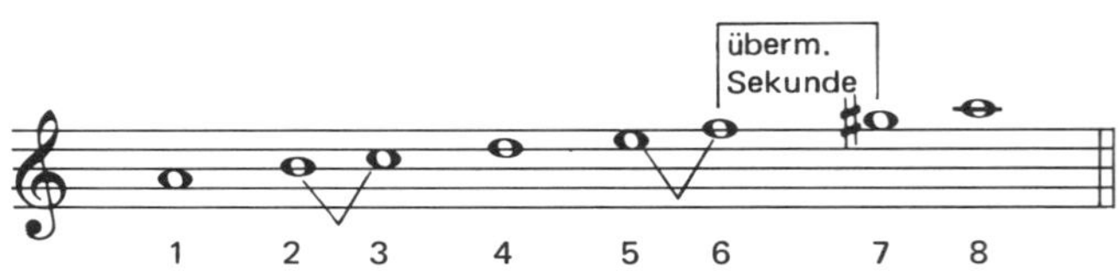

melodisch

Tonleiterausschnitte in Dur als Melodiebausteine (Stufenmelodie):
Ubi sunt gaudia (7./8. Takt), S. 62
Segne, Vater, diese Gaben (3./4.T.), S. 109
Schön ist die Welt, S. 187
Lachend, lachend, S. 40
Come, follow me, S. 240

Tonleiterausschnitte in Moll als Melodiebausteine (Stufenmelodie):
Maienwind am Abend sacht, S. 36
Drei Blättchen, S. 133
Dort hinter jenen Feldern, S. 155
Es geht wohl zu der Sommerzeit, S. 268

Die Töne der 1., 3. und 5. Stufe als Melodiebausteine (Dreiklangsmelodik):

1 3 5

Zerlegter Dreiklang — Sextakkord — Quartsextakkord

1 3 5

Beispiele:	Beispiele:
Hört ihr die Drescher (C-Dur), S. 48 Wem Gott will rechte Gunst erweisen (C-Dur), S. 191 Nun sind gemäht . . . (C-Dur), S. 47 Cantate Domino (G-Dur), S. 76 Wahre Freundschaft (D-Dur), S. 117	Schwesterlein, Schwesterlein (a-Moll), S. 256 Ich Kujawiak (e-Moll), S. 152 Es fiel ein Reif (g-Moll), S. 253

Harmonie

Die Harmonie beruht auf dem geordneten Zusammenklang der Töne. Ihre Grundlage bilden die Dreiklänge, die auf jeder Stufe der Tonleiter errichtet werden können. Sie bestehen aus Grundton, Terz und Quinte.

In der Dur-Moll-Tonalität bestehen eindeutige Beziehungen zwischen den Tonstufen, die eine enge Verbindung von Melodie und Harmonie bedingen.

Alle Melodietöne und Harmonien werden auf ein tonales Zentrum (Tonika) bezogen. Die Verwandtschaft wird durch das Spannungsverhältnis der Dominante (5. Stufe) und Unter- oder Subdominante (4. Stufe) zur Tonika (1. Stufe) bestimmt.

Dur

Tonika — Subdominante — Dominante — Tonika

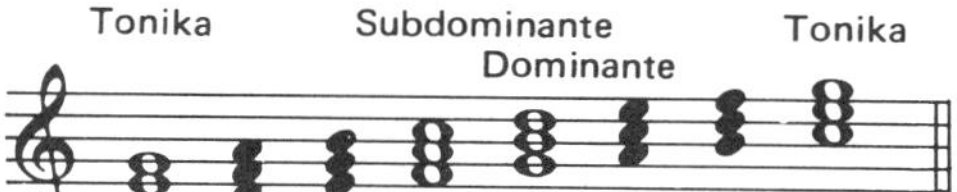

I II III IV V VI VII VIII = I

Dur Moll Moll Dur Dur Moll verm. Dur

Moll harmonisch

Tonika — Subdominante — Dominante — Tonika

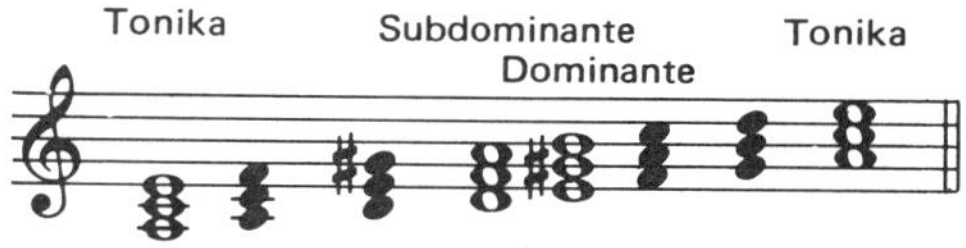

I II III IV V VI VII VIII = I

Moll verm. überm. Moll Dur Dur verm. Moll

Den Dreiklangsbildungen liegen die einfachsten Schwingungsverhältnisse der Natur- oder Obertonreihe zugrunde.

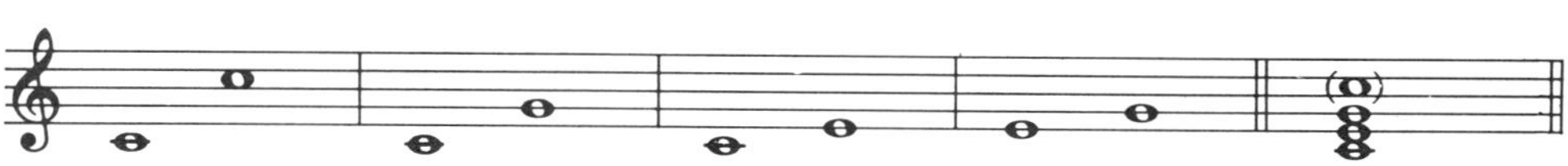

Oktave 1:2 — Quinte 2:3 — große Terz 4:5 — kleine Terz 5:6

Dreiklangsverbindungen

Da in den Hauptdreiklängen Tonika, Subdominante und Dominante sämtliche Töne der diatonischen Leiter enthalten sind, bilden sie die Grundlage der Harmonisierung. Oft genügen bereits die Dreiklänge der ersten und fünften Stufe zur Begleitung schlichter Melodien.

C-Dur

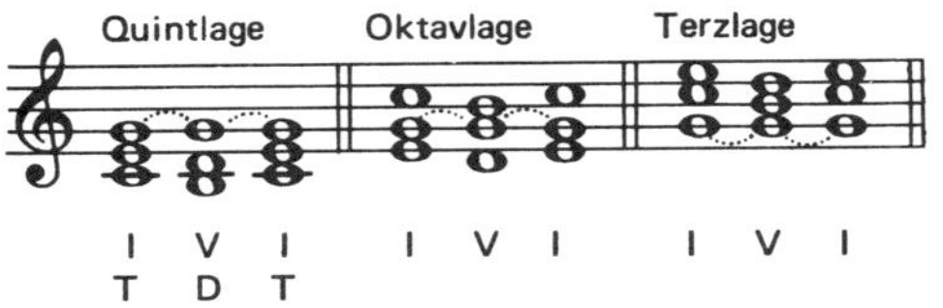

a-Moll harmonisch

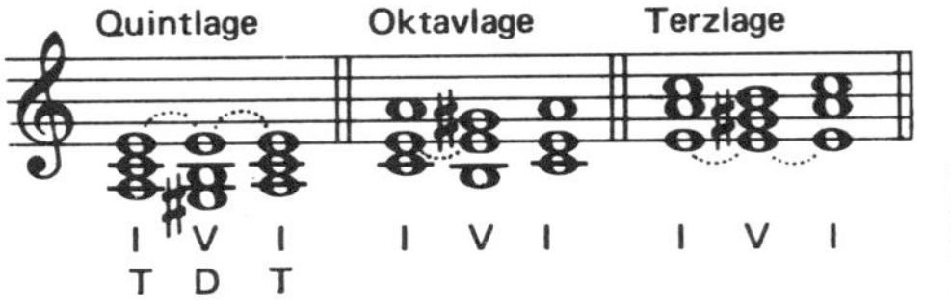

Kadenz (lat. cadere = fallen): Verbindung der Dreiklänge I – IV – V – I
T – S – D – T

C-Dur

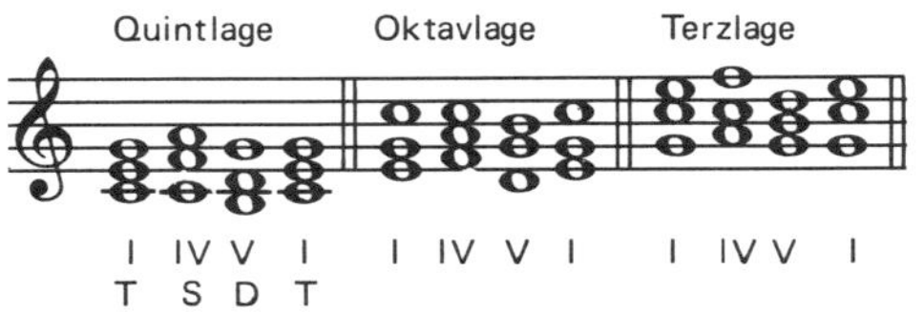

a-Moll harmonisch

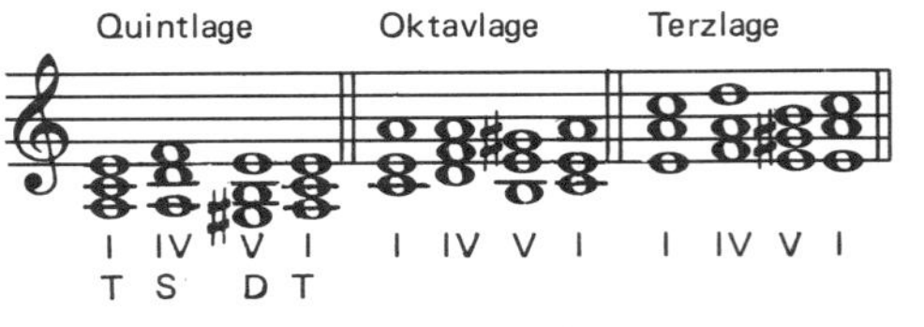

Beispiele:
Im Walde, da wachsen die Beer'n (C-Dur), S.45 Yankee Doodle (G-Dur), S. 139

Beispiele:
Ich Kujawiak (e-Moll), S. 152 Drei Blättchen (e-Moll), S. 133

Der Dominantseptakkord ermöglicht durch seine verstärkte Dominantspannung (zusätzliches Auflösungsstreben der kleinen Septime) eine besondere Schlußwirkung:

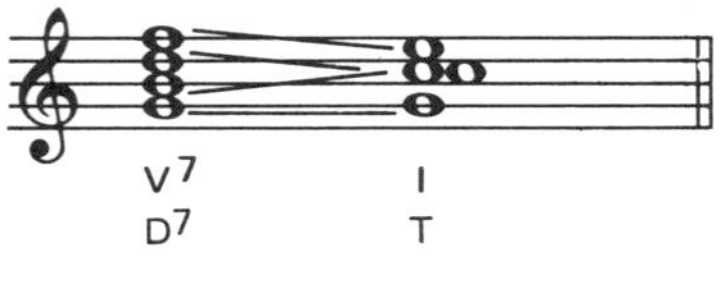

> Beispiele dazu liefern die Akkordbezeichnungen im Liederbuch in großer Anzahl (D^7).

Dynamische Abstufungen – Stärkegrade

Stärkegrade und Übergänge werden durch Zeichen bestimmt.

ppp	pianissimo possibile (pianopianissimo)	=	so leise wie möglich
pp	pianissimo	=	sehr leise
p	piano	=	leise
mp	mezzopiano	=	halbleise
mf	mezzoforte	=	halbstark
f	forte	=	stark
ff	fortissimo	=	sehr stark
fff	fortissimo possibile (fortefortissimo)	=	so stark wie möglich

crescendo (cresc.)
= stärker werdend

decrescendo (decresc.), diminuendo (dim.)
= schwächer werdend

Neben Tonhöhe und -stärke wird das Hörerlebnis besonders von der Klangfarbe bestimmt. Sie wird weitgehend von den neben dem Grundton mitschwingenden Ober- oder Teiltönen aus der Naturtonreihe geprägt.
Töne bestehen also aus einem ganzen Komplex von Teiltönen, der je nach seiner Zusammensetzung eine individuelle Klangfarbe bei Stimmen und Instrumenten ergibt. Sie können dunkel, hell, weich, hart, rauh, voll usw. wirken.

Obertonreihe auf C

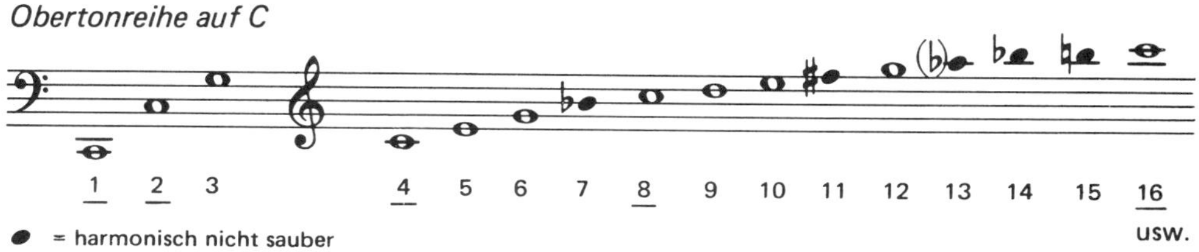

● = harmonisch nicht sauber

Der Kammerton a' ist international auf 440 Schwingungen in der Sekunde festgelegt = 440 Hz (Hertz)

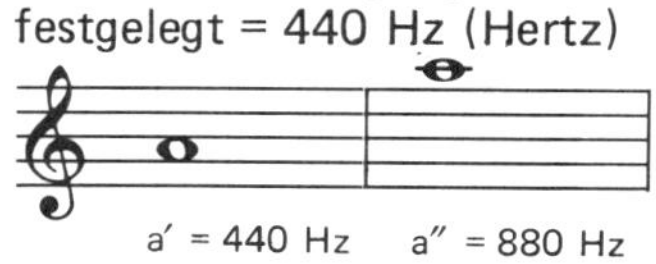

Akkordsymbole und Tonbestand der gebräuchlichsten Akkorde[1)]

In Abweichung von den Bezeichnungen der Intervalle in der traditionellen Harmonielehre (z.B. in der Generalbaßbezifferung) werden hier alle den Tonnamen beigefügten Ziffern auf die entsprechenden Stufen vom Grundton aus bezogen. Sie sagen nichts aus über die Lage des Akkords.

usw.

1) Die in der Grifftabelle nicht verwendeten Akkorde sind in kleineren Noten gegeben.

Verwendete Zeichen:

+ = Akkord mit übermäßiger (um einen Halbton erhöhte) Quinte
– = Akkord mit verminderter (um einen Halbton erniedrigte) Quinte
o = verminderter Dreiklang (z.B. h - d - f)
o7b = verminderter Septakkord (z.B. h - d - f - as)
sus = Bezeichnung für eine Vorhaltquarte (vgl. Akkordbestand, sus von engl. „suspension" = Vorhalt)

♯ = Erhöhung
♭ = Erniedrigung
7 = stets kleine Septime
9 = stets leitereigene None
6 = stets große Sexte

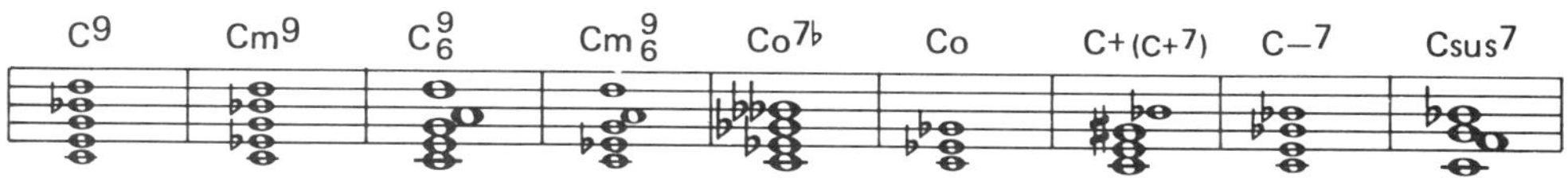

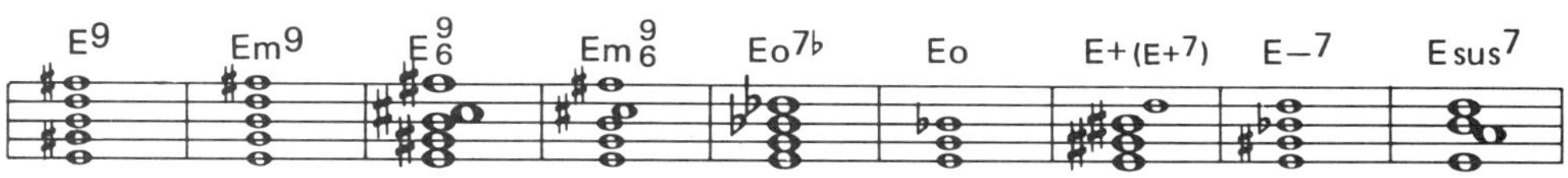

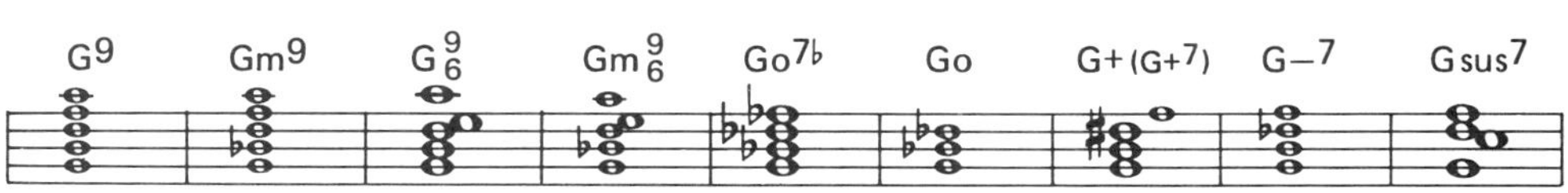

Grifftabelle für Zupfgitarre Akkordverbindung I – IV – V^7

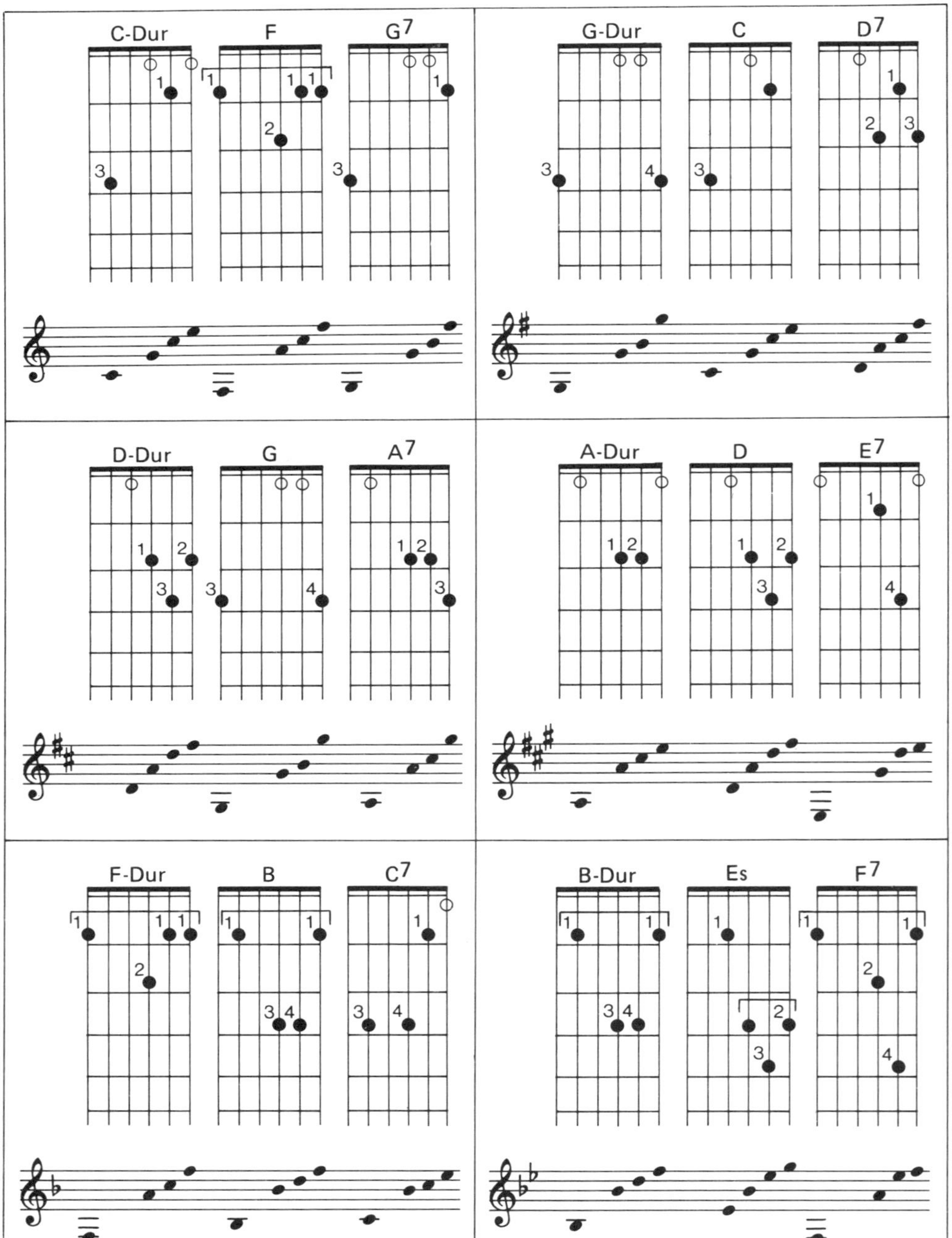

○ = Leere Saite   ⎡⎤ = Barré

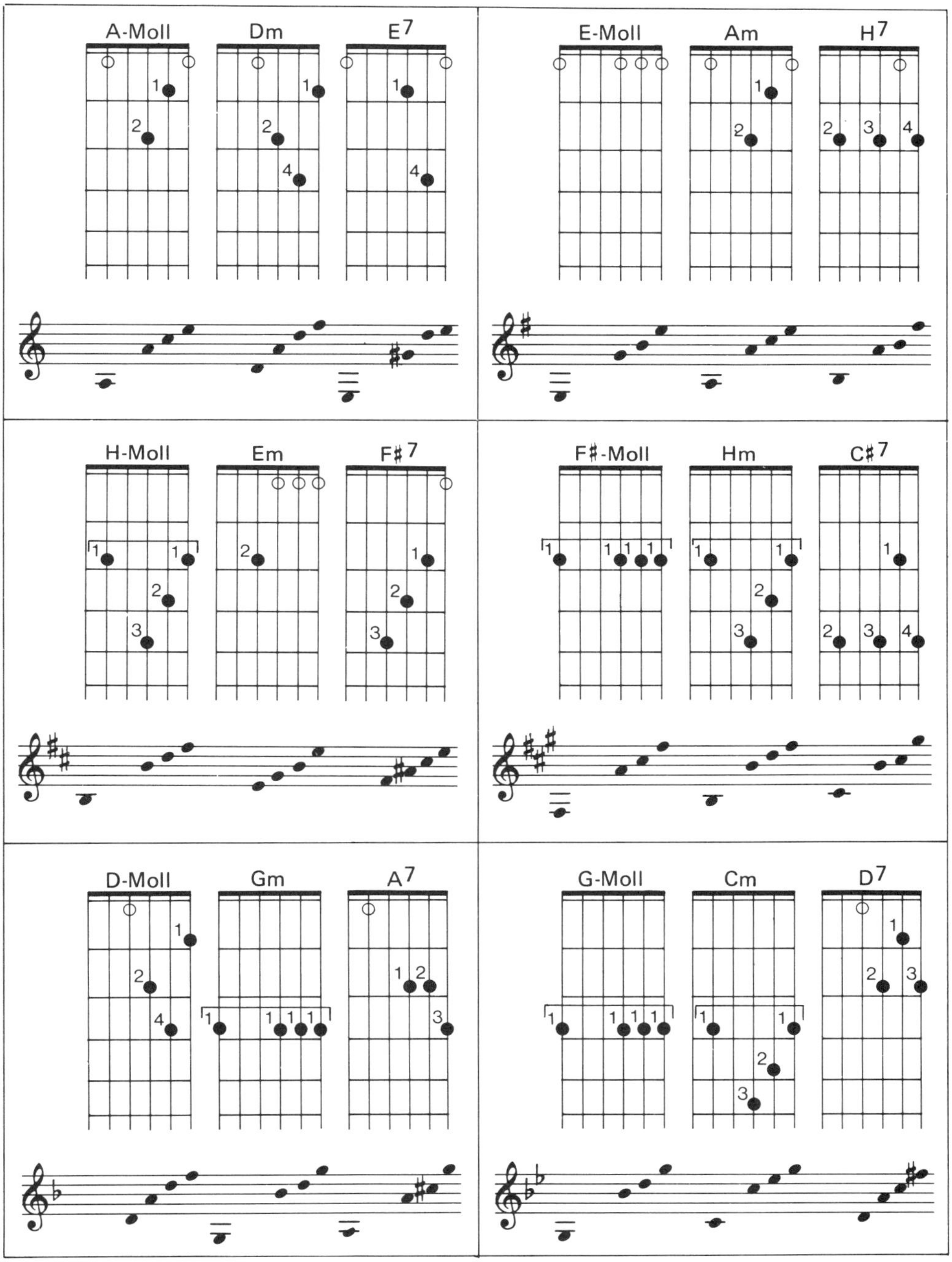
A-Moll
Dm
E7
E-Moll
Am
H7
H-Moll
Em
F♯7
F♯-Moll
Hm
C♯7
D-Moll
Gm
A7
G-Moll
Cm
D7

Grifftabelle für Schlaggitarre

in der international gebräuchlichen Akkordschrift*)

Dur-Dreiklang	Moll-Dreiklang	Dur mit gr. Sexte	Moll mit gr. Sexte
1. Griffweise 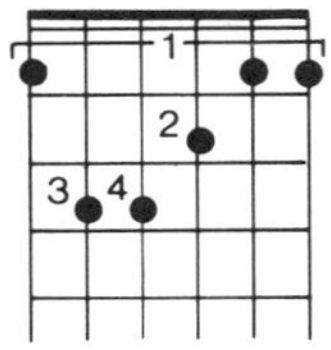 1. Lage: F 2. Lage: F♯ 3. Lage: G 4. Lage: G♯/A♭ 5. Lage: A 6. Lage: B*) 7. Lage: H*) 8. Lage: C usw.	1. Griffweise 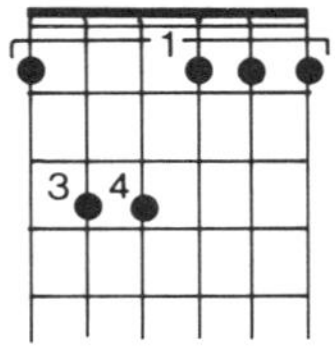 1. Lage: Fm 2. Lage: F♯m 3. Lage: Gm 4. Lage: G♯m/A♭m 5. Lage: Am 6. Lage: Bm 7. Lage: Hm 8. Lage: Cm usw.	1. Griffweise 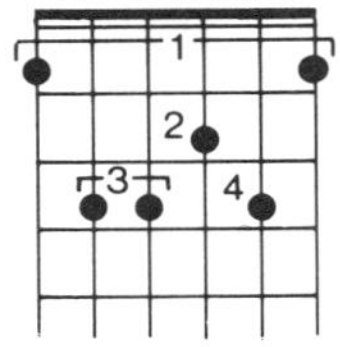 1. Lage: F^6 2. Lage: $F\sharp^6$ 3. Lage: G^6 4. Lage: $G\sharp^6/A\flat^6$ 5. Lage: A^6 6. Lage: B^6 7. Lage: H^6 8. Lage: C^6 usw.	1. Griffweise 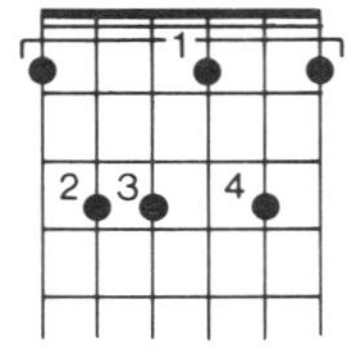 1. Lage: Fm^6 2. Lage: $F\sharp m^6$ 3. Lage: Gm^6 4. Lage: $G\sharp^6/A\flat^6$ 5. Lage: Am^6 6. Lage: Bm^6 7. Lage: Hm^6 8. Lage: Cm^6 usw.
1. Lage ohne Barré: E ——→	Em ——→	E^6 ——→	Em^6 ——
2. Griffweise 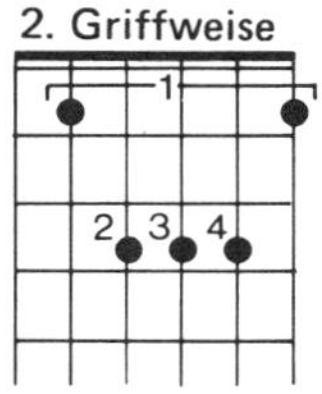 1. Lage: B *) 2. Lage: H *) 3. Lage: C 4. Lage: C♯/D♭ 5. Lage: D 6. Lage: D♯/E♭ 7. Lage: E 8. Lage: F usw.	2. Griffweise 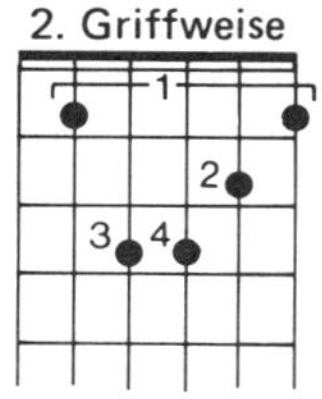 1. Lage: Bm 2. Lage: Hm 3. Lage: Cm 4. Lage: C♯m/D♭m 5. Lage: Dm 6. Lage: D♯m/E♭m 7. Lage: Em 8. Lage: Fm usw.	2. Griffweise 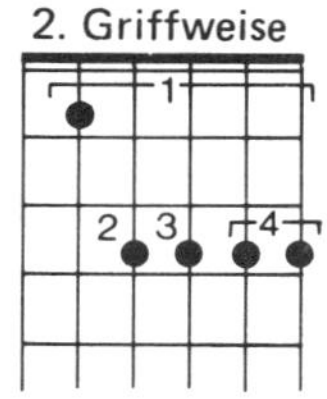 1. Lage: B^6 2. Lage: H^6 3. Lage: C^6 4. Lage: $C\sharp^6/D\flat^6$ 5. Lage: D^6 6. Lage: $D\sharp^6/E\flat^6$ 7. Lage: E^6 8. Lage: F^6 usw.	2. Griffweise 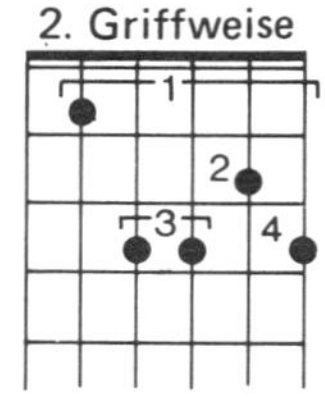 1. Lage: Bm^6 2. Lage: Hm^6 3. Lage: Cm^6 4. Lage: $C\sharp m^6/D\flat m^6$ 5. Lage: Dm^6 6. Lage: $D\sharp m^6/E\flat m^6$ 7. Lage: Em^6 8. Lage: Fm^6 usw.
1. Lage ohne Barree: A ——→	Am ——→	A^6 ——→	Am^6 ——

*) abweichend davon wird hier H statt international B und B statt B♭ notiert

Dur mit kl. Sept.

1. Griffweise

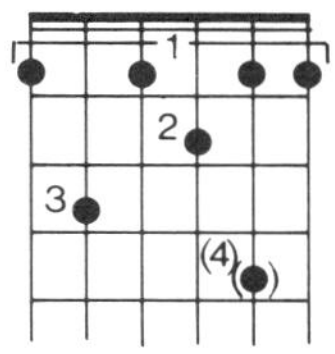

1. Lage: F^7
2. Lage: $F\sharp^7$
3. Lage: G^7
4. Lage: $G\sharp^7/A\flat^7$
5. Lage: A^7
6. Lage: B^7
7. Lage: H^7
8. Lage: C^7

usw.

→ E^7

2. Griffweise

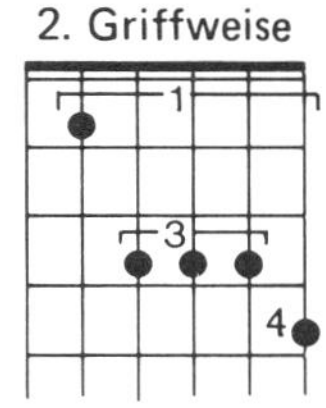

1. Lage: B^7
2. Lage: H^7
3. Lage: C^7
4. Lage: $C\sharp^7/D\flat^7$
5. Lage: D^7
6. Lage: $D\sharp^7/E\flat^7$
7. Lage: E^7
8. Lage: F^7

usw.

→ A^7

Moll mit kl. Sept.

1. Griffweise

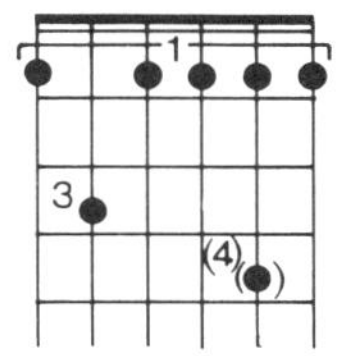

1. Lage: Fm^7
2. Lage: $F\sharp m^7$
3. Lage: Gm^7
4. Lage: $G\sharp m^7/A\flat m^7$
5. Lage: Am^7
6. Lage: Bm^7
7. Lage: Hm^7
8. Lage: Cm^7

usw.

→ Em^7

2. Griffweise

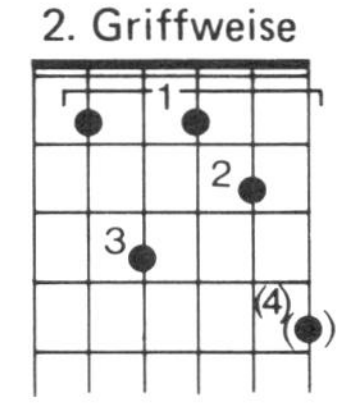

1. Lage: Bm^7
2. Lage: Hm^7
3. Lage: Cm^7
4. Lage: $C\sharp m^7/D\flat m^7$
5. Lage: Dm^7
6. Lage: $D\sharp m^7/E\flat m^7$
7. Lage: Em^7
8. Lage: Fm^7

usw.

→ Am^7

Seltener vorkommende Akkorde

Verminderter Septakkord

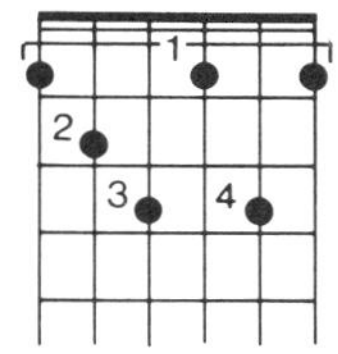

2. Lage: $Co^{7\flat}$
   gleich: $E\flat o^{7\flat}$, $F\sharp o^{7\flat}$, $Ao^{7\flat}$
3. Lage: $Go^{7\flat}$
   gleich: $Bo^{7\flat}$, $C\sharp o^{7\flat}$, $Eo^{7\flat}$
4. Lage: $Do^{7\flat}$
   gleich: $Fo^{7\flat}$, $A\flat o^{7\flat}$, $Ho^{7\flat}$

Sextnonenakkord (Dur mit Sexte und None)

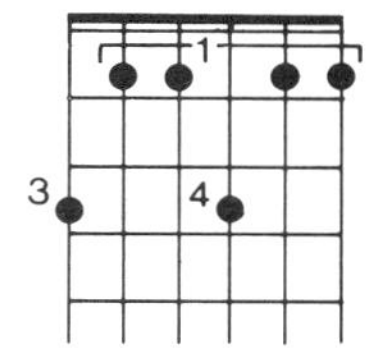

1. Lage: $E\flat^{6}_{9}/D\sharp^{6}_{9}$
2. Lage: E^{6}_{9}
3. Lage: F^{6}_{9}
4. Lage: $F\sharp^{6}_{9}/G\flat^{6}_{9}$
5. Lage: G^{6}_{9}
6. Lage: $G\sharp^{6}_{9}/A\flat^{6}_{9}$
7. Lage: A^{6}_{9}
8. Lage: B^{6}_{9}

usw.

1. Lage ohne Barré: D^{6}_{9}

Dur mit erhöhter Quinte

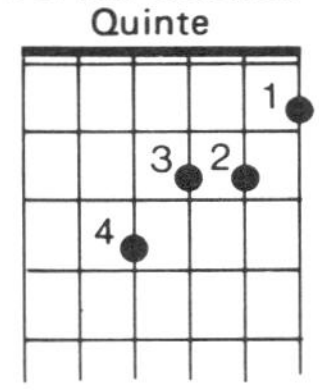

1. Lage: A+
2. Lage: B+
3. Lage: H+
4. Lage: C+
5. Lage: C♯+
6. Lage: D+
7. Lage: D♯+/E♭+
8. Lage: E+

usw.

Alle Akkorde im Abstand der gr. Terz umdeutbar:
z.B. $D^+ = F\sharp^+ = B^+ = (A^+)$

Vorhaltakkord (Quarte statt Terz)

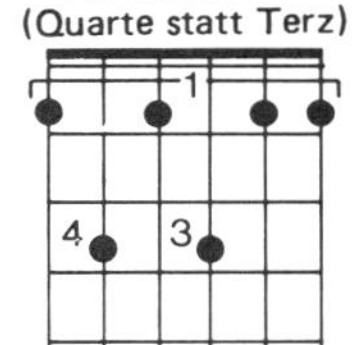

z.B. 1. Lage: F^7sus
z.B. 3. Lage: G^7sus
(vgl. Akkord-tabelle)

oder

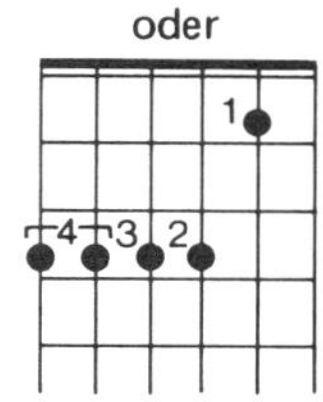

z.B. 1. Lage: C^7sus
z.B. 3. Lage: D^7sus

Erklärung der verwendeten Akkordsymbole

1. Großbuchstaben = Dur, Großbuchstaben mit kleinem m = Moll;
   z. B. C = C-Dur, Am = a-Moll
   ♯ = Erhöhung; z. B. F♯m = fis-Moll
   ♭ = Erniedrigung des Tons; z. B. A♭ = As-Dur, E♭m = es-Moll

2. Zwei Buchstaben übereinander = Umkehrungen des Grundakkords; der untere Buchstabe gibt den Baßton, der obere den Akkord an; z. B.
   $\frac{F}{C}$ = F^{6}_{4} = F-Dur mit Baßton C, $\frac{Am}{E}$ = Am^{6}_{4} = a-Moll mit Baßton E
   $\frac{C}{E}$ = C^{6} = C-Dur mit Baßton E, $\frac{Dm}{F}$ = Dm^{6} = d-Moll mit Baßton F

3. Zahlen nach den Buchstaben bezeichnen einen zusätzlichen Ton (vom Grundton ausgehend)
   7 = stets kleine Septime (Septakkord); z. B. D^{7} = d fis a c
   9 = stets leitereigene None; z. B. A^{9} = a cis e (g) h
   6 = stets große Sexte; z. B. Gm^{6} = g b d e

4. Weitere Symbole:
   $^{+}$ = Akkord mit um einen Halbton erhöhter Quinte;
   z. B. G^{+} = g h dis
   – = Akkord mit um einen Halbton erniedrigter Quinte
   o = verminderter Dreiklang; z. B. h d f
   o7♭ = verminderter Septakkord; z. B. Eo7♭ = e g b des
   sus = Bezeichnung für eine Vorhaltquarte
   x = nur den Ton (keinen Akkord!) spielen;
   z. B. $\overset{x}{F♯}$ = fis (weder Fis-Dur noch fis-Moll)
   ( ) = alternative oder zusätzliche Akkorde

Komponisten, Textautoren und Übersetzer

Lieder nach Sachgruppen

Liedtitel und -anfänge

⑤ ⑥ ⑦ ⑧ ⑨ ⑩ = Lieder, die in der Vorschlagsliste für bayerische Schulen (KMBek. vom 6. Mai 1985 Nr. A/14-8/21344) für die entsprechende Jahrgangsstufe enthalten sind

Von folgenden Verlagen erhielten wir freundlicherweise die Erlaubnis, **Notenbilder** zu übernehmen:

Hänssler-Verlag, Neuhausen-Stuttgart
Neue Lieder, Heft 2: S. 108 – O. Riecker, Jesu Name nie verklinget, Bd. 2: S. 85

Verlag Max Hieber, München
Gesungene Zwiefache aus der Oberpfalz: S. 225 – Lied & Song: S. 6, 7, 19, 21, 23, 28, 31, 37, 40, 50, 56, 64, 74, 79, 94, 123, 130, 154, 155, 156, 162, 173, 200, 212, 213, 222, 225, 235, 243, 248, 251, 268, 269, 270, 285, 312

J. B. Metzlersche Verlagsbuchhandlung, Stuttgart
K. Aichele/B. Binkowski/W. Brändle, Unser Liederbuch, Bd. 2, Ausgabe B: S. 25 – B. Binkowski/W. Brändle/M. Hug, Musik um uns, 5./6. Schuljahr: S. 61, 183, 232 – B. Binkowski/A. Scheytt, Unser Liederbuch Musik um uns, Ausgabe Bayern: S. 59, 76, 82, 85, 137

Möseler Verlag, Wolfenbüttel und Zürich
G. Wolters, ars musica, Bd. 1: S. 113 – G. Wolters/R. Krokisius, ars musica, Bd. 2: S. 41, 104 – K. Pelzer, Cantemus: S. 132

Musikverlag zum Pelikan, Zürich
W. Gohl, Der Singkreis, Gesamtband 1 – 50: S. 235

Pädagogischer Verlag Schwann-Bagel, Düsseldorf
H.-J. Frisch, Unser Lied soll nun erklingen: S. 84, 88

Philipp Reclam jun., Ditzingen
Nationalhymnen: S. 288, 289

B. Schott's Söhne, Mainz
E. Hanselmann, El cóndor pasa (ED 6645): S. 164 – K. Haus, Fröhliche Weihnacht (ED 6809): S. 73 – P. Lohmann, Das Lied im Unterricht (ED 2908): S. 295 – Das europäische Kunstlied (ED 6792): S. 292, 296, 301, 302 – Das deutsche Kunstlied, Heft 1 (ED 4265): S. 298, 299

Voggenreiter Verlag, Bonn-Bad Godesberg
J. Senft, Gospels, Shanties & Folklore: 264

Alle anderen Notenbilder wurden entweder neu hergestellt oder stammen aus Büchern des Bayerischen Schulbuch-Verlags:
K. Haus/F. Möckl, Lied International (Gemeinschaftsausgabe mit dem Verlag B. Schott's Söhne, Mainz); K. Haus/F. Möckl, Singen und Spielen (Gemeinschaftsausgabe mit dem Verlag B. Schott's Söhne, Mainz); R. Kirmeyer/K. Haus/F. Möckl, Der junge Musikant, Liederbuch mit Musikkunde; K. Haus/F. Möckl, Der junge Musikant, Chorbuch für gleiche Stimmen; K. Haus/F. Möckl/M. Möckl, Musik überall 4; W. Layher, Lieder ohne Grenzen; R. Kirmeyer, Wir kleinen Sänger; H. Benker/L. Hammaleser, Musicassette 5/6